ドライフルーツとナッツの教科書

井上　嘉文

ドライフルーツ＆ナッツアカデミー代表

大学教育出版

はじめに

「あなたの来世ですが…アーモンドかデーツで選べます」
生まれ変わるとき。こんなお告げをされたら、現状では喜べそうにないと思った。

なぜなら、「アーモンドはニキビできる」とか「デーツって甘いから太りそう…」
とか、誤解から生まれたネガティブな印象を他人から抱かれながら、不条理に敬遠
される食品として過ごす人生は、きっと心が苦しいからだ。楽しんで口にしてもら
い「美味しい！」と喜んでもらう最期が、食べものとして生きる人生では、きっと
嬉しいのではないか。

ナッツは、ある特定のものを食べれば肌荒れを招く可能性がある。しかし、ナッツ
は美しい肌や髪を保つために、必要な栄養素や効能が含まれる食品でもある。ドラ
イフルーツに関しても、砂糖がたっぷり含まれたものを食べれば糖分の摂りすぎに
つながるかもしれない。でも、砂糖不使用の無添加のドライフルーツを適量食べる
ことは、自然の甘みで幸福感を得ながら、ミネラルを補給する上で適している。

この真実を、私が代わりに伝えてあげたい。そんな無添加のナッツとドライフルー
ツへの慈愛の精神が「検定資格制度をつくる」という行動になった。当時、25歳
だった。

健康や美容の根源は、いつだって「自分が口にする商品の選び方」にある。購入者
が正しい知識をもって"品選び"をすることが大切だ。しかし、ドライフルーツや
ナッツについては、その正しい知識をどこから入手すればよいのかわからない。大
学の講義でも扱われないし、オトナの事情が蠢く企業からの情報では、真実は聞
き出せない。だからこそ、『ドライフルーツ＆ナッツアカデミー』が存在するのか
もしれない。

私は、医学博士でも管理栄養士でもない。しかし、健康的な体と精神を求めて、食

事のセルフモニタリングを 10 年にわたり継続してきた。だからこそ、自分に相性のよい、「食」を判断する力を身につけることができた。

「○○を食べると、体にどんなサインが出るか？」という観察・検証・分析の繰り返し。体内で起きた小さな変化に、目を凝らすこと。そんな毎日の自分自身との対峙の中で発見したものは、本編の内容や今の仕事に大いに活かされていると思う。

商社、小売店（専門店）、料理人、芸人、主婦など…。これまで、幅広い職業と年齢層のドライフルーツとナッツの愛好家たちが、ドライフルーツ＆ナッツアカデミーの検定資格を受講してくださった。「新しい発見になった」というお言葉を全国の受講者から頂戴して、大変嬉しく思っており、稿を起こす決意をした次第だ。

本書では、健康的なドライフルーツとナッツの選び方、期待される効能、Q&A など、包括的に紹介している。また 3 章では、業界を牽引するドライフルーツやナッツを扱う食品専門商社の皆さまや、取り扱う事業者さまたちと対談している。

富士経済（東京・中央区）によると、2021 年のテーブルナッツの市場規模は4360 億円にのぼり、2011 年と比べて 1.6 倍増と予測していた。また、農林水産省によると、品目別で最も数量の多いナッツであるアーモンド（生鮮・乾燥）の2020 年の輸入量は前年比 6.9％増の 38700t、くるみは 8.1％増の 18800t に伸びている。新型コロナウイルス感染症の影響でリモートワークが続いて運動不足になりがちの毎日に、健康的な間食としてミックスナッツの需要が一気に膨らんだからだ。今、間違いなくナッツは期待されている。そして、この人気急上昇のナッツとマリアージュを果たす食材こそが、ドライフルーツなのである。

私の目標は、「体に優しいドライフルーツとナッツをデリフードにする」ことである。本書でドライフルーツとナッツの魅力が伝わって、毎日の食卓に欠かせない食材の 1 つとして認識される社会が実現できたなら、ドライフルーツとナッツの専門家の冥利につきる。

ドライフルーツ＆ナッツアカデミー代表

井上　嘉文

ドライフルーツとナッツの教科書

目　次

序章

ドライフルーツ＆ナッツ
アカデミーができるまで

運命的な出会いは欧州の1人旅で

　2009年11月、2か月にわたる念願の欧州旅行をした。最初はイタリアの都市を転々とする生活。その中で、私が夢中になった現地の遊びは、"マルシェ（市場）巡り"だった。目の行き場をなくすほどの食材や料理の数々。生産者の吐息や生き様すら感じるライブ感は、私の心を躍らせるものだった。日本の「食鮮市場」やアジア圏の「夜市」とも雰囲気は大きく異なっていた。どこかお洒落で、洗練されており、現地の人々の生活が垣間見えた。刺激的な体験ができる場所で大好きだった。

　そして、このマルシェで、私の人生を大きく変えるドライフルーツとの出逢いを果たす。イタリア・フィレンツェ。土曜日の朝市での出来事。茶褐色の物体に目が留まった。周辺には、ドライフィグ（乾燥白いちじく）が置かれていたので、おそらく"ドライフルーツ"であることが凡そ推測できた。でも、得体が知れぬ食べ物。イタリア語が読めなくて、話せない。テント内の店主に英語で訊ねても、返答してくれた言葉は、知らないものだった。

　思い切って試食をすると、「うわっ！」と快哉を叫んだ。ねっとりした甘みと独特なコクと食感が口いっぱいに広がり、瞳孔が開いた。
　「なんと美味しい食材なのだろう…！」
　糖度の高さと繊維質の舌触り。後に日本に帰国してから、このドライフルーツは「デーツ；棗椰子」という食べものだと知った。中東の果物なのでイタリア産ではないが生まれて初めて食べた。そして、このときからデーツが私の大好きな果物の第1位に君臨している。
　「なんで、こんな美味しい食品が、日本では広まっていないのか？」
　疑問に思いつつ、学生生活は終わりを迎え、翌年4月から社会人となった。

食文化の広さに驚いた１人旅＠仏・パリ　　欧州のマルシェではドライフルーツが目白押し！

再び巡り会った大好物

　大学卒業後、私は外資系証券会社に就職して、日本株の機関投資家営業に従事した。ただ、就職してから７か月目くらいだろうか。私は顧客からのある言葉にハッとした。「あのさ…半導体とか、フィンテック関連の情報はないの？」。日常から耳を傾けていた証券アナリストの情報、株価の値動きを気にする企業…すべて食品、外食、ファッション企業ばかりで、顧客に提供するIR情報が大きく偏っていたことに気がついた。次第に、私の心の声が騒ぎだした。「あれ、興味がないことにはまったく目が向かない…。私は自分のやりたいことを誤魔化していないだろうか？」

　そう思った私は、働きながら「自分が心酔できることは、どんなものか？」を紙にひたすら書き出してみた。すると、「食」「美容」「健康」という３つのキーワードが、私の価値観をつくる上で大切な要素であることを発見した。そして、この３つを包括的に学び直したいと考えた。「学ぶ」ことで、新しい道が拓けるのではないかと考えたのだ。この行動が、学生時代に感動を与えてくれた、デーツとのセレンディピティ（素敵な偶然の出会い）となった。

　勉強したのはローフード（英語：Raw Food）。「ローフード」とは、加熱することで失われがちな酵素やビタミン、ミネラルなどを効率よく体内に摂り入れること

を目的として、食材を極力生で摂取する食生活、食品のことを指す。48℃以下の加熱は酵素を死滅させないために、できるだけ生のまま食べるライフスタイルだ。また、料理の際の食材には、加工肉、白米、小麦、砂糖、食品添加物などは使用しないことが特徴だ。

　講座を受けてみて、ナッツとドライフルーツを大量に使うことに驚いた。ローフード料理では、タルトの生地を作る時にナッツを使う。また、料理に甘み・クリーミー感を出す際、カシューナッツや砂糖不使用のドライフルーツを使う。おつまみ程度に供されるナッツやドライフルーツが、食材の"主役"だった。また、この講座の中で、"朝フルーツ"という食習慣とそのメリットも会得した。これは「腸に負担をかけないような朝食として、果物やドライフルーツだけを食べる」というものである。朝食をフルーツにすると、食べて約20分以内には便意が訪れて、毎日の便通がスムーズになった。また、朝フルーツを継続して2か月くらいで、吹き出もの（ニキビ）が出る機会が格段に減っていった。そして何よりも「体が軽い！」という実感ができたのだ。

　「ドライフルーツとナッツって、美味しいだけじゃないんだ！」

　忘れかけていたドライフルーツとナッツの新たな魅力に気づき、再び恋に落ちた。

夢を叶えるための決意

　「試着室で思い出したら本気の恋だと思う」

　これは、コピーライター　尾形真理子さんの有名な広告コピーだ。それに近い状況に、勤務中に出くわす。仕事中にアーモンドやデーツを思い出したら本気の恋だと思う。私は、ドライフルーツとナッツの知識を深く習得できる講座をWeb検索した。当時は、野菜ソムリエ資格が流行していたので、ナッツにも同様の資格検定講座があると考えた。しかし、どこにも見当たらず、閃いた。

「ナッツとドライフルーツは体にポジティブな食材であり、きっと日本でも今以上に人気が広まっていくだろう。だとすると、私と同じようにナッツとドライフルーツを好きな人たちが学べる講座があったら、喜ばれるのではないか？」

　早速、ナッツの輸入統計量などを調べて、右肩上がりで推移していたことを確認した。「資格がないならば、自分でつくってみよう」と考えた。2012年、証券会社のオフィス内で、ドライフルーツ＆ナッツ マイスター検定の企画の着想は生まれた。

　まず、制度をつくるにあたり、ターゲットは日本人に絞っていた。なぜならば、「ドライフルーツとナッツの検定資格」について、Facebookを通じて海外の友人数名にヒアリングをしたとき、友人らが「その資格は誰が取って、どんなキャリアで活かすの？ 転職や収入に直結しない資格なんて取らないよ」と答えてくれたことがヒントになったからだ。海外において資格の役割は、キャリアに直結するものが多い。その資格を取得することで得られるリターン（対価）が明確な場合、時間を投資して勉強をする。つまり、海外での資格取得は、収入を増やすための手段（ツール）なのだ。

　しかし、日本では検定の概念が異なる気がしていた。日本の検定資格には、カジュアルな“趣味型”タイプの民間資格も多数存在していたからだ。例えば、温泉ソムリエ、タオル検定などの民間の検定資格がそれに該当する。私自身も証券会社で働きながら、小豆島オリーブ検定、青汁マイスター検定、豆乳検定など業務には全く関係のない「食」にまつわる検定資格を取得していた。いずれも動機は、シンプルに「興味があったから」だった。

　つまり、「知的好奇心を満たすために勉強をする人もいる」と考えた。

　教養を深める歓びとは、ヒトの本質的な欲求である。そして、知識を客観的に目に見える形にしたものが「資格制度」なのではないかと仮説を立てた。また、資格検定の合格証書などは、ある種の“承認欲求”が満たされるものだと感じた。

　「合格」という言葉は、いくつになっても嬉しい響きであるからだ。

これが、マーケティングなどの知識が乏しい25歳のときに立てた、精いっぱいの仮説。そして、思い立ったアイデアを実現するべく動き出した。

「ドライフルーツとナッツの知識が足りない。業界に飛び込んで働くしかない。」

人生初めての転機は1通の手紙から

ドライフルーツとナッツは、海外からの輸入品が大半だった。そのため、転職先はドライフルーツとナッツを取り扱う専門（食品）商社と決めていた。

そんな水面下の転職活動中、週末に実家に帰ったときのこと。何気なく食卓の果物トレーに置いてあったプルーンの袋を手にとった。裏表示を見ると"株式会社デルタインターナショナル"と記載があった。未上場なので四季報には載っていないし、仕事の延長では馴染みのない会社だった。興味がわいて、HPにアクセスして採用欄を開いたのだが、「現在、採用予定はありません」とのこと。新卒や中途採用の人材募集をしていなかった。

しかし「予定はありません」ということは、逆にいえば、決定事項でもないと考えた。予定は、変更が利くものだ。そこで、私は会社概要に書かれている当時の代表者の氏名を宛先に、ホームページの問い合わせフォームにメッセージを書き綴った。簡単な自己紹介、志望動機、ドライフルーツとナッツへの想いをまとめて、送信した。すると、5日後くらいに人事担当者の方から返信がきて、面接の運びとなった。

面接官は、菱沼さん、枝澤さん（第4章で登場）をはじめ4名。私は、ドライフルーツとナッツで体調が変化した経験や、デーツを日本中に広めていきたい抱負などを素直に伝えた。面接官の枝澤さんは、まるで異人と会うかのような不思議そうな眼差しで私を見つめながら、静かに頷いていたのが印象的だった。

面接が終わった帰り際、北品川駅に向かう歩道橋の途中で「ちょっと待ってくだ

さい〜！」と声がした。振り返ると、人事担当者のHさんが、追いかけてきたのが見えた。

「これ、お土産です」。

わざわざ、紙袋いっぱいのドライフルーツとナッツを手渡して下さった。私は、京急線の中で紙袋の中を物色しながら、「この先、会わないかもしれない初対面の人にさえ優しい会社なのだなぁ」と心が温まったことを今でも覚えている。

約1週間後、採用通知を頂いた。実現させたい夢に、一歩だけ近づいた気がした。

転職しようとする私の背中を押してくれたプルーン

店頭でよく見かける㈱デルタインターナショナルの商品

度重なる予想外の試練と挫折

ついに念願の食品商社に入社した。新しい業界でキャリアをスタートさせて、「結果を残してやるぞ！」と意気込んでいた。しかし、ここから予想していた以上の困難が待ち受けていた。

まず、ドライフルーツとナッツの検定資格をつくる道筋として、企業の中で実績を積み、社内で新規事業の提案をする目論見だった。しかし、当時の私は、会社内での立ち回りが恐ろしいほどに下手で、あっという間に孤立してしまった。

上場企業からベンチャー企業に転職をしたからだろうか。つまらないプライドが邪魔をして、社員の人たちとうまくコミュニケーションをとれず空回りした。直属の上司だった枝澤さんは、私のフォローをしてくれたが、自業自得が招いた末路で

ある。

　そのため、休日を使ってドライフルーツとナッツの検定資格の構想を、知人と一緒に独自で進めることにした。しかし、これもことごとく失敗へ向かう。マネジメント経験もなくて「人を巻き込む」器がなかった私は、目標を共有するべく仲間や友人などを、上手に統率することができなかったからだ。

　他にも、資金と協力者を集めようとしていたときのことだ。大学生の頃から家族の縁で経営者や外資系証券会社の先輩たちと食事をする機会に恵まれていたので、「新しい挑戦をするときがきたら、親交のある人生の先輩たちが、きっと助けてくれるだろう」と高を括っていた。しかし、ドライフルーツとナッツの検定資格制度の計画をプレゼンしたところ、出資はおろか、人脈を紹介してくださるような先輩は誰１人もいなかった。

　このとき、自分の甘さに初めて気がついた。たとえ高級な食事をご馳走してくれていた人たちでも、馴れ合いは仕事の領域では通用しないということ。それが、“プロ”だということ。この瞬間、世の中の厳しさを肌で感じて、お金の大切さを学んだ。

　「今の自分には計画を実行に移せそうにない」と判断した私は、ドライフルーツとナッツの検定制度の発足プロジェクトを一旦保留することにした。

　当時、テキストを制作するにあたり、都内の一流シェフに声をかけていた。ドラ

多くの料理人をご紹介頂き、頭が上がらない
『ピアットスズキ』鈴木弥平シェフ

エキスパート検定のテキストに和洋中の料理
を掲載（写真は「ブラジルナッツのカポナー
タ」by トラットリア・ケパッキア）

イフルーツやナッツを使ったオリジナルの料理レシピを依頼し、カメラマンを手配して料理の撮影までも完了していた。数十名のシェフたちが忙しい合間を縫って、私のために素敵なレシピを用意してくださっていた。私は、シェフらの店に足を運んで謝罪して廻った。「この検定はすぐに完成できそうにありません。でも、いつか必ず実現してみせるので、数年だけ待っていただけますか？」と正直に伝えた。協力してくださったシェフの皆さんは、大変温かくて、誰1人として私を責める人はいなかった。こうして、感謝と悔しさを胸に計画は頓挫し、目的達成のために必要なリソースとスキルを求めて職を移した。

自分に目を向けて、諦めずに動く

　「余裕をもって経営するために運転資金を稼ごう」。そう考えて、金融業界に再就職するものの、過労とストレスが原因で体調を崩してしまった。突然の解雇通告は悔しかったが、同時に安堵を覚える自分もいた。「報酬がどんなに良い仕事に就こうと、今という時間を犠牲にして我慢しながら仕事ができるほど器用でない」と、また1つ自分自身を知ることができた。20代前半、鮮烈なニートデビューは、「同じ誤ちは2度まで」と教訓になった。

　そして、雇用保険を受給しながら自分の生きる道を模索していた矢先のこと。私の状況を心配したのだろうか。母から『置かれた場所で咲きなさい』（著：渡辺和子）という本が自宅宛に届いた。同封の手紙には、「この本をバイブルとして、私が死んでも形見にしなさい。今のあなたの実力を発揮できる場所が、きっとどこかにあるから自分を信じなさい」と綴られていた。

　場所は、自分で探さなくてはいけない。居場所は、自分でつくらないといけない。「今の自分では、転職エージェントに頼ったところで企業に売り込めるポイントは少ないだろう」と感じた私は、就職先を探す手段として、ある展示会を選んだ。

　それが、「FOODEX JAPAN」だ。「FOODEX JAPAN ／国際食品・飲料展」は、1976年より毎年開催しているアジア最大級の食品・飲料専門展示会。新型コロナウイルス感染症の蔓延する前までは、毎年3月に5日間にかけて幕張メッセで開催されていた。日本全国、世界各国からの出展者と来場者の商談機会をつくる場。

つまり、この展示会は、数多くの食品関連企業と一度に会える千歳一隅のチャンスでもある。

　私は4日間、会場の幕張メッセに通った。日本語と英語の履歴書と職務経歴書をクリアファイルに入れて持参。開場から閉場まで一日中、日本と海外企業のブースを回った。目的はただ1つ、就職活動だった。

　ただし、出展者の目的は「新しい取引機会を探すこと」。そのため、お門違いである訪問は煙たがられると推測した。そこで、まずは展示している商品や事業内容について会話をして、話が盛り上がったところで、自分の身の上話と自己PRを切り出すことにした。
　「私は、こんな経験をしてきました。御社で企画営業の若手の採用を考えていたりしませんか？」というプレゼン。ブース内で、履歴書をその場で手渡した。

　国内と海外企業、隅から隅までアタックして、4日間の累計で約100社程度。結果、このリクルート活動により、3社から内々定をいただけた。私はその中で、社長が1名で経営されている、ドライフルーツやナッツでつくられたエナジーバー（菓子）を輸入している日本総代理店に就職した。

　その会社は、本業が機械の海外リース業で、食にまつわるビジネスは初めての挑戦だった。そのため、ドライフルーツやナッツに精通していて、新規事業を一緒に進めてくれる人材が欲しかったようで、タイミングも功を奏した。2014年、諦めずに目的達成に向けて食欲に動けば、運と縁を引き寄せられることを学んだ。

経験を自信と勇気に変えて、再挑戦

　就職したベンチャー企業は、社員が私を入れて2名。そのため、海外サプライヤーとの交渉、貿易実務、営業、広報などの一通りの仕事を、私1人でやる必要があった。この「あらゆる仕事を1人でカバーする」という経験ができたことは感謝している。その社長は懐が深く、勤務数か月目に、長年温めてきた「ドライフ

ルーツとナッツの検定資格」の企画を提案してみると、「販売している商品と相乗効果が生まれるかもしれないから、やってみたら？」と二つ返事で快諾してくれた。こうして、現在の「ドライフルーツ＆ナッツマイスター検定」の基礎となるテキストが完成して、副業として運営を始めた。

　最初は、維持費がかからないCMSを使って、2万円で知人に依頼してホームページを制作した。また、Facebookページをつくり告知をして、まずは知人や友人に割引受講をしてもらった。会社からのサポートもなく予算は0円なので、都内のフリースペースなどを借りて、身の丈に合う形でスタートした。

　そして、この検定を本気で広げるために勤め先を退社。さらに、テキスト内容や制度を刷新。このときには、のべ約70名の受講者がいた。ただし、すでに「ドライフルーツ　資格」「ナッツ　資格」などのWeb検索をすると、上位に表出するようになっていた。SEO向上のための宣伝広告を一度もしていなかったが、ユーザーからのアクセスだけでGoogleエンジンから評価されて、上位に表示されるようになった。地道な情報更新の賜物だった。

　また、この頃にテレビ番組『マツコの知らない世界』（TBS系列）の取材オファーが舞い込んだ。「ナッツの世界」のコーナーのゲスト候補として約2時間の取材を受けたが、コンペで私は負けてしまい、ナッツに詳しい女性歌手が起用された。「頑張って知名度を上げよう！」とメラメラと心に炎がたぎった出来事だった。

　2015年、「We Feed The Planet in Milano」へ日本代表として参加（1冊目の著書『なぜ、あそこの6次産業化はうまくいくのか？』で詳述）。そのプログラム参加後に、延泊してピエモンテ州のヘーゼルナッツ農園を2か所ほど訪問見学した。ヘーゼルナッツ栽培や土地の文化を泊まり込みで学習する貴重な経験だ。
　この体験をもとに検定テキストのヘーゼルナッツのパートを充実させることができた。また、この頃から6次産業化プランナーに採用されて、全国の農林漁業者の皆さんの支援を開始して、国産ドライフルーツの開発や販路支援を手がけていった。

　弊社に初めての企業案件が舞い込んだのも、2015年だった。総合建設コンサル

ヘーゼルナッツ農園 Corilu 社の Ferdinando
社長と Luca さん

有機栽培でヘーゼルナッツを出荷する Altlanga
社の Luca さん

タント会社から「ある地域で地熱を活用したドライフルーツ事業を検討しているため、専門家としてアドバイスが欲しい」という依頼を頂いたのだ。

　そこで、静岡県で住民向けのドライフルーツの講演会を開き、その後の半年間も業務委託契約で一緒にその地域の郷土料理をつくるプロジェクトに伴走。個人事業主になりたての私が、資本金 8 億円、売上高 500 億円を超える大企業と一緒に仕事をできたことは大変嬉しかったし、後々の自信にもつながった。

本書出版までの道のりで思うこと

　2016 年、県の補助金申請書の作成を代行して、福島県の柿農家とドバイの展示会「Gulfood」を訪問。その事業者が 6 次産業として製品化したドライ柿の輸出を検討するため、現地の展示会で市場調査と営業をすることが目的だった。この経験も大変貴重で、中東の食文化やマーケットを知る経験になった。このような国内外の仕事 1 つ 1 つが、講師としての活動を支えている。ドライフルーツの専門性が活かされて、やってきたことが肯定されたような気がした。

　当時、この検定を立ち上げるとき「ナッツとドライフルーツなんて市場が小さすぎて、成長しっこないよ」と語る人たちが大勢いた。たしかに、IT や不動産事業と比べれば、食品にまつわるビジネスは利益率もさほど高くないかもしれない。

デーツが豊富なドバイの観光名所にて。

ドバイのSMT。まさにデーツ天国！

　しかし、ドライフルーツ＆ナッツアカデミーの設立までの経緯で、たくさんの失敗と同時に学びを私に与えてくれた。これは、収益よりも大切な財産になっている。

　最大の学びは、「想いをずっと伝えることの大切さ」だ。「好き」という想いや、情熱を継続して発信し続けること、ポリシーを曲げないこと。当たり前のことかもしれないが、ずっとやり続けることが大事だろう。諦めずに、誰かに想いを伝えるための手段を企てて行動すると、きっといつか形になる。それは、イメージ通りに進まないこともあるが、想いに共感をしてくださる人や、興味をもってくださる人が現れる。

　あとは、そのご縁を大切に紡いでいくこと。すると、知らない間に、何かぼんやりしたものが成果として目に見える形になってくる。ぼんやりしたものの優先順位をたまに入れ替えたりして、自分に飽きないで進めていった結果、こうして本書発行というカタチになった。

　ここまで、大まかに約10年間のドライフルーツ＆ナッツアカデミーの設立経緯を振り返ってみたが、ドライフルーツとナッツが私に“人生の歩み方”を教えてくれたようなものだ。

　だからこそ、次章からはドライフルーツとナッツの魅力を皆様にたっぷりと解説して、ドライフルーツとナッツに恩返しがしたいと思う。

ドライフルーツ＆ナッツマイスター検定講座

　体に優しいドライフルーツとナッツの選び方、腸に優しい果物の食べ方のコツ、全体的に共通する効能、酵素栄養学、スローエイジングに必要な食生活などを学びます。ドライフルーツとナッツをライフスタイルに活かせるように必要な知識を凝縮。所要時間は1時間。ご自身やご家族の健康・美容の促進のために、役立つ知識を習得したい人にお薦めです。

ドライフルーツ＆ナッツエキスパート検定講座

　食品添加物・砂糖不使用のドライフルーツ、INCで規定されている9種類のナッツの個別の栄養素、特徴、品種や正しい保管方法を学びます。ドライフルーツの乾燥方法、他の食材とのマリアージュ、料理をする上でのポイントなども習得します。貿易実務や物流の専門知識などもカバー。所要時間は2.5時間。

　商社・小売店・専門店などで働かれていてさらに専門性を高めたい人、これから起業を考えている人などが受講されています。

※マーケティング支援（30分）付

エキスパート検定講座では、ご自身が考えているビジネスモデルや経営課題を聞いて必要なリソースや情報提供をする時間を設けています。いわゆる、"壁打ち"。また、独立・起業の際に個人でも活用ができる助成金・補助金などのご案内もしています。「挑戦したいことが多くて迷っている」「フリーランスになるための一歩、何からやればよいかわからない」と考えている人、安心してください。まず、ぼんやりしたものでも構いませんので言語化してみましょう。話すだけでも頭が整理できて、講義後にはスッキリしていることでしょう。

| ドライフルーツ＆ナッツアカデミー | 🔍 |

1章

ドライフルーツ

ドライフルーツとは何か？

「ドライフルーツの定義とは、何ですか？」と聞かれることがあるが、これは大変難しい質問である。なぜなら、ドライフルーツはその名の通り、乾燥させたフルーツであって、温度帯や乾燥度合いに対してドライフルーツと呼ぶための明確な規定がないからだ。

だから、水分値が少し高めの"セミドライ"タイプもあれば、ほぼすべての水分を飛ばして凍結乾燥させる"フリーズドライ"タイプもドライフルーツと言える。

もともと、ドライフルーツは人間の知恵から生まれた保存食であり、長い歴史がある。古代ギリシャ人が、腐りやすく賞味できる期間が短い果物を、乾燥させて日持ちさせたことで生まれたと言われている。だから、当時は太陽の熱と光を利用して、天日干しをして果物を乾燥させた。今でも乾燥地帯のイスラエルやチュニジアなどでもデーツは太陽の日差しによって乾燥されている。ドライフルーツは当時から貴重な栄養源であり、自然の恵みであったことが、ルーツを辿るとよくわかる。

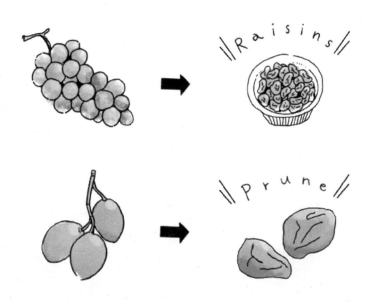

16

健康的なドライフルーツの選び方

　日本のドライフルーツの例として、歴史の長い「干し柿」がある。各県の道の駅でも見かけると思うが、製造工程は柿を「天日干し」するだけの農家も少なくない。

　つまり、食品添加物や砂糖が存在しない時代からドライフルーツは作ることができた。そして、果物と同じく、自然な果実の甘みを楽しむ食品だった。

　そう考えたとき、皆さんが買われている商品は、純粋なドライフルーツだろうか？　それとも、菓子だろうか？

　ドライフルーツ＆ナッツアカデミーでは、砂糖や食品添加物が使用されていない商品だけを「ドライフルーツ」として推奨している。砂糖が後から添加された（加糖された）ドライフルーツは"菓子"のひとつであるという見解だ。

　誤解がないように伝えると、私は砂糖の含まれたドライフルーツや嗜好品（菓子）を楽しむ人を否定しているわけではない。ただ、砂糖が添加されたドライフルーツと"無添加"のドライフルーツでは、役割と情緒的価値が異なる。

　お客様のライフスタイルや価値観は様々なので、あくまで選択は個人の自由であると思っている。

まとめ

美容と健康を意識する人には、砂糖不使用のドライフルーツを推奨する。

砂糖を入れる理由は、何？

　では、そもそもドライフルーツは長期間保存できる食べ物なのにも関わらず、なぜ砂糖を添加するのか？

　これには、いくつか理由がある。1つは「水分活性値の調整」だ。水分活性とは、自由水がどれほど含まれているかを表す指標で、自由水の割合が低ければ低いほど細菌やカビなどの微生物が繁殖しにくい。水分活性が 0.6 以下になると、ほぼ全ての微生物は繁殖できなくなると言われている。

　生の桃を思い浮かべてほしい。自由水がたっぷり含まれた桃。美味しく食べられる期間は、長くても冷蔵で 3 ～ 7 日間が目安だろう。しかし、果物を加工した桃のコンポートや缶詰は、水分量が多いが日持ちする。不思議ではないか？

　理由は、砂糖やシロップなどに漬けこまれているからである。砂糖・たんぱく質などと結合している「結合水」は、微生物が利用しづらい水分である。つまり、砂糖には保存期間を長くする特長があり、砂糖が添加されれば日持ちしやすいことになる。ドライフルーツは、常温で店頭に陳列できる点がメリットである。そのため、小売店は、カビが生えるリスクを最小限にしたいことも推測できる。

　そう考えると、砂糖を入れる理由は、流通上の品質保持や、賞味期限における回収リスクの回避だ。フードロス減少や売り手側の工夫とも言えるだろう。

まとめ

砂糖は、味のためだけでなく、食品を販売・流通する上で都合がよい。

糖を知ることは、代謝を知ること

　糖質は、栄養素として人の体に必要なものであるが、糖質の摂り過ぎは気になるものだ。では、どうすべきか？　提案としては「燃焼効率の良い糖分だけを補給する」という視点を身につけるとスッキリするだろう。

　まず、エネルギーの代謝では、燃焼した糖質が火種となる。そこに脂質が加わることで、大きな火となる。これは、暖炉の火に置き換えるとイメージがつきやすい。暖炉で火を灯す時、木材の数に比例して火は大きくなる。同様に、体の中に糖質がある程度の量が貯蔵されていない場合、燃やされる脂肪の量も少なくなるのだ。

　つまり、日頃から食べるスイーツの「糖」を知ることで、"太りづらいカラダづくり"への近道になるだろう。

　さて、自然なドライフルーツは、本来の果物に含まれる糖分である「果糖」「ブドウ糖」「ショ糖」が大半を占めている。果糖は、体内で代謝されることにはブドウ糖と変わりない。ただし、果糖のほとんどが肝臓で代謝されてインスリンをそこまで必要とせず、血糖値を上げにくいとされている。血糖値の急上昇は、血管の損傷や過食傾向を招き、肥満になるリスクを高めてしまう。甘いものが食べたい時、無添加のドライフルーツを上手に利用したい。

まとめ

糖は、一概に"悪"としないこと！　自然な果糖を上手に利用する。

砂糖 vs ドライフルーツの果糖を比較！

　そもそも糖質（炭水化物から食物繊維を除いたもの）とは、単糖類、二糖類、多糖類を総称したものだ。そのため、糖質の種類によって体に起きる作用が異なる。

単糖類	消化酵素ではこれ以上分解ができない糖質の最小単位	果物、ドライフルーツ、はちみつ
二糖類	単糖が2つ鎖で結合したもの	砂糖(ブドウ糖＋果糖)、麦芽糖(ブドウ糖＋ブドウ糖)、乳糖(ブドウ糖＋ガラクトース)
多糖類	酵素により分解するのに時間がかかり単糖が3つ以上結合されている	玄米、穀物、さつまいも、豆、とうもろこし、栗

　一般の菓子に使用される「砂糖」とは、「二糖類」に分類される。砂糖は、消化管内でブドウ糖と果糖に分解され、すぐに吸収される。そのため、エネルギーとして使われなかった糖は肝臓で中性脂肪に変化しやすいことがわかっている。

　つまり、小腸から吸収された糖は、血液中に即座に流れ込み、血糖値を上げる。ヒトは、血糖値を下げるためにインスリンが膵臓から分泌されて、全身の細胞に運ばれ、エネルギーとして利用されるわけであるが、余った糖は中性脂肪として蓄積されてしまうので、摂りすぎに注意したい。

　まとめ

「糖」の構造を知ると、ギルトフリースイーツ選びのコツに役立つ！

エネルギーと食物繊維を W でゲット！

砂糖不使用のドライフルーツの利点は、果物が本来もっている糖に加えて、食物繊維が多く含まれていることだ。

　食物繊維は、食物に含まれるヒトの消化酵素で分解されない難消化性成分の総称を指す。その中でも、ドライフルーツは、ペクチンなどの水溶性食物繊維（水に溶ける食物繊維）が豊富である。水溶性食物繊維の特徴は、糖の吸収を緩やかにし、食後血糖値の急激な上昇を防いでくれることだ。

　ドライフルーツに含まれる食物繊維は、"ブドウ糖が脂肪に変化することを遅らせる"。いわば障害物レースの障害物。食物繊維が、脂肪に変化するまでの時間を稼いでくれるわけだ。実際に、私はドライフルーツや生の果物だけを朝食としているが、10年以上、体脂肪率7％未満をキープしている。

　ただし、この世には「それだけを食べれば健康」といった魔法のような食材はない。限度を超えた過剰摂取は、いかなるスーパーフードであろうとNGである。

まとめ

ドライフルーツは、糖分と食物繊維を同時に摂取できる利点がある。

ドライフルーツを食べる上での ポイント①「バランス」

　ダイエット（diet）という言葉は、本来は英語で「食生活」を指す。"こんにゃくダイエット"や"りんごダイエット"のような「それしか食べません」といった偏った食生活は、体質改善をする上で間違いなく失敗を招く。そんな0か1の極端なダイエット方法を試しがちな人へ、ドライフルーツを食べる上での注意点を紹介する。

　無添加、砂糖不使用だとしても、ドライフルーツを適量以上に食べ過ぎることはよろしくない。果糖は、砂糖ではないが、糖質であることに変わりない。つまり、最終的な吸収プロセスは違うが、体内ではブドウ糖と同じエネルギーになるということに留意したい。つまり、ドライフルーツに限らず、白ごはんやパスタ、日本酒といった糖質の多いものを摂る際は、同じロジックが適用できるが、食生活は何よりも「バランス」が大事である。

　ただし、間食で甘いものを欲した時、食品添加物・砂糖不使用のドライフルーツは有効だ。仕事中や運動後に食べるものをお菓子からドライフルーツにスイッチするだけで、カラダを絞るのには効果的。一度に過剰に摂らず、タイミングを見て適量を摂ること。例えば、朝食や間食にプルーン3粒といちじく2粒など、自分の中で適量を決めて上手に付き合おう。

まとめ

偏ったダイエットは遠回り！　ドライフルーツも適度に食べる。

ドライフルーツを食べる上での
ポイント②「ビタミン C の配慮」

　ドライフルーツ＆ナッツアカデミーでは、ビタミン C と食物酵素の観点から「生野菜や生フルーツも食べることが大切」と講義中に伝えている。それは、ビタミン C には熱に弱い性質があるからだ。

　大体 40 ～ 45℃くらいの熱でビタミン C は減少していく。また、食物酵素は 48℃では死滅してしまう。そのため、国産の果物を乾燥機でドライフルーツに加工・販売する業者は、栄養価を意識して"低温乾燥"でドライフルーツをつくる傾向にある。しかし、電気・灯油コストは乾燥する時間に比例するため、果物を乾燥する際の熱風温度を高くする企業も多い。

　そのため、「ドライフルーツを食べているから、ビタミン補給は安心だ！」は、誤りだ。ドライフルーツと併用して、ビタミン C を補給する食事を心がけたい。

　つまり、生の果物とドライフルーツには異なった利点があると考えればよい。「A or B」でなく、「A and B」の発想である。ちなみに、ビタミン C が消失しづらいとされる乾燥手段もある。技術的な知識や品質管理についての詳細は、ドライフルーツ＆ナッツエキスパート検定の講義で取り扱っている。

まとめ

ドライフルーツと生の野菜や果物では、役割と特徴が違うことを覚える！

ドライフルーツを食べる上での ポイント③「自然な色を選ぶ」

　ドライフルーツ＆ナッツアカデミーでは、食品添加物０のドライフルーツだけを推奨している。例えば、プルーン。食べると便通がスムーズになる優良食品であるが、「ソルビン酸」という食品添加物の入ったプルーンを食べると、胃腸にガスが溜まって便秘になりやすくなる場合がある。また「漂白剤（二酸化硫黄；SO_2）」の入ったドライフルーツも同様だ。ドライあんずは、"焦げ茶色"の漂白剤が無添加なものを選びたい。本来のドライあんずの色は、オレンジ色ではないのだ。

　ただし、食品添加物を完全否定しているわけではない。肉の加工品などで、カビ防止や細菌を不活性化させるために必要であることも理解している。食品添加物は基準値が国で定められており、認められている量を使っている。しかし、体質によっては不調を訴える人もいるということは事実である。

まとめ

裏ラベル表示を見よう！「原材料：ドライフルーツ」のものが無添加の証明。

ドライフルーツの習慣化メリット①
「肌トラブルの軽減に期待できる」

肌荒れ、ニキビ、頭痛、肩こり、免疫力低下、ストレスなど…。
それらの不調は、便秘から引き起こされている可能性はないだろうか？

そもそも便とは、「栄養素を取り除いた老廃物」なので、できるだけ早く体外に排出することがベター。便が長く腸に滞在していると、体の調子を整える腸内細菌の"善玉菌"より、有害性を持つ腸内細菌の"悪玉菌"が優勢になる。悪玉菌が増えると、腸内の炎症や下痢を起こしたり、免疫力を弱めたりするなどの悪影響を及ぼすといわれている。

そのため、有害物質を体の外に排出しようとする体の自然な防衛反応が、排便である。しかし、便が詰まると出口が塞がれて、外に出ることができない。そうすると、体は有害物質を腸壁から吸収して、血液を通じて全身へ巡らせるという別ルートで体の外に出そうとする。有害物質が体中へと伝わり、汗や皮脂などに姿を変えて毛穴などから体外へ放出されることになる。これが、ニキビや肌荒れの根源の1つとなっている可能性がある。

だからこそ、便秘は即刻に解消したい課題。その点で、便秘の予防・改善に効果的な食物繊維が多く含まれるドライフルーツは、腸の救世主だ。

まとめ

便秘は、美肌の天敵！ ドライフルーツで腸内環境を整えよう。

❶

便秘解消のパートナーとして心強い

便の量とは、摂取した食物繊維の量に比例するため、食物繊維をきちんと摂れば便の量が増えて、便意を促す。ただし、食物繊維は水分がないと上手に流れてくれない。そのため、「便秘を治すには食物繊維を摂る」という認識だけでは、情報がやや足りないことになる。"水分"もセットで摂るようにしたい。

そう考えると、プルーンやデーツ、レーズンといったドライフルーツには、若干ながら水分も含まれているので合理的な食べ物だ。

特に「ペクチン」に注目。ペクチンは果物・野菜などに多く含まれる食物繊維の一種である。果実は未熟の時は不溶性のペクチン質を含んでおり、熟すにつれて水溶性のペクチンへと変わる。

水溶性の食物繊維「ペクチン」は、細胞と細胞の間の結合物質で、果実の果皮などに多く含まれている。つまり、ドライフルーツは皮ごと干しているので、ペクチンを効率的に摂ることができる。ペクチンには血糖値の上昇を抑える効果だけでなく、コレステロール低下、疲労回復などの効果も期待できるといわれている。

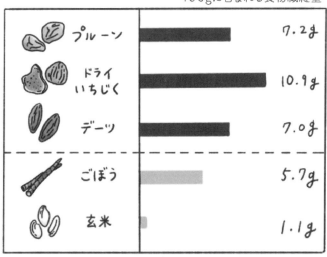

100gに含まれる食物繊維量

プルーン	7.2g
ドライいちじく	10.9g
デーツ	7.0g
ごぼう	5.7g
玄米	1.1g

ドライフルーツの習慣化メリット②
「抗酸化物質を摂れる」

　林檎やバナナの皮を剥いて放置しておくと、時間が経つにつれて変色していく現象に見覚えがないだろうか？　あれは、まさしく空気中の活性酸素による「酸化」が起きている証拠である。

　厳密にいうと、果物の変色は、空気中の酸素が「ポリフェノール・オキシダーゼ」と呼ばれる植物酵素に反応することで発生する。

　よく抗酸化物質が多く含まれた食品の PR で、「サビない体をつくろう！」などの表現が使われる。この理由は、人間も空気中の活性酸素に蝕まれていて、"サビる"からだ。活性酸素から体を守ろう（抗おう）という意味で使われている。

　さて、"果物の皮を剥く"という行為は、果物の皮の後ろ側に潜んでいる抗酸化物質という "ベールを剥ぎ取る"ことだ。鎧がなくなった果物は、活性酸素のダメージに耐え切れず、酸化が起きてしまう。

　しかし、ドライフルーツは果皮も一緒に乾燥させている場合がほとんどである。そのため、果皮の色素成分に含まれる "抗酸化物質" を、まるごと効果的に摂取できるというメリットがある。

まとめ

皮をむかずに美味しく食べられるのがドライフルーツ。

果肉の酸化って何？

食品を調理、加工、保存する上で色が変わることを「褐変」と呼ぶ。褐変には2種類ある。

① 非酵素的褐変

　肉を焼く、醤油を加熱処理して起こる反応で生じる現象など。香り、焦げた色の生成などのおいしさにつながる。

② 酵素的褐変

　果物や野菜（じゃがいも、ごぼう etc.）など、切断面の色が時間と共に変わる現象。「林檎の皮を剥いて放置すると色が変わる」の現象は、これに該当する。

②のメカニズムは、シンプルである。植物は、種類によって異なるが、細胞内に基質（フェノール性化合物）をもっている。植物組織が損傷を受けると、細胞に含まれるポリフェノールオキシダーゼと呼ばれる酵素がフェノール性化合物と結合して、これを酸化してo（オルト）-キノン類と呼ばれる物質に変える。

o-キノン類は反応性が高いので、お互いが重合し合って褐色物質が生まれる。

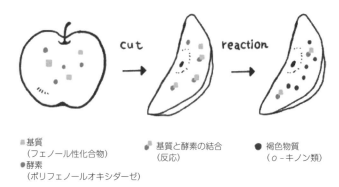

■ 基質
（フェノール性化合物）
● 酵素
（ポリフェノールオキシダーゼ）

● 基質と酵素の結合
（反応）

● 褐色物質
（o-キノン類）

食品	基質 (フェノール性化合物)	褐変後の色
りんご	クロロゲン酸	褐色
じゃが芋	チロシン	褐色
紅茶(茶葉)	カテキン類	赤橙色

例えば、りんごはクロロゲン酸と呼ばれるフェノール性化合物を含むので、変色すると褐色になるが、食材に含まれる基質によって変色する色は変わる。「酵素的褐変で果物や野菜の色が褐色に変化しても安全性や味わいにはまったく影響がない」とされている。ただ、見た目はよろしくない。

そこで、カットされたフルーツの商品には、クエン酸や酢酸などの添加をしている場合がある。pH を 3 以下の酸性にすることで、酵素の反応を抑えて、微生物の増殖を防げるからだ。

食品添加物の含まれないものを選ぶか、見た目の色が良いものを選ぶかは、あなた次第だ。

ドライフルーツの習慣化メリット③「朝から体が軽く感じる！」

　ドライフルーツは、朝食に最適だろう。もともと、朝食を果物だけにする人は多い。美容のカリスマである女優・タレントの田中みな実さんも「朝食はフルーツだけ」とテレビで公言していた。朝に果物が最適な理由は、朝の時間帯がヒトの体にとって「排泄の時間」であるからだ。

　皆さんは、朝食にパン、おにぎりなどの固形物を食べた後、眠くなった経験はないだろうか？　この睡魔が襲ってくる理由は、胃腸において消化スピードが遅いからだという説もある。

　一方、果物は、体への消化吸収が格段に早く、素早くエネルギーに変わる。プロテニスプレーヤーが試合中のブレイクタイムで、バナナなどの果物を口にするが、エネルギーへの転換効率が高く、消化に負荷が少ないためだ。

　果物は、腸壁から吸収されて、消化酵素をあまり利用しない。私も10年間「モーニングフルーツ」のルーティーンを継続し、頭が冴え、生活のパフォーマンスが著しく向上した実感がある。そのため、ぜひビジネスパーソンにもお薦めしたい。食事の内容1つで、集中力や脳の働き方が激変することをきっと体感できるだろう。

まとめ

朝は消化によい食事がベスト！　ドライフルーツも選択肢に！

ドライフルーツの習慣化メリット⑤ 「少量で手軽に栄養補給できる！」

　身体の代謝機能を円滑に行うためには、酵素と結びつくビタミンが必要だ。またミネラルは、健康な血液・骨・組織のつくりかえに大切である。ドライフルーツは乾燥させることで、栄養価が凝縮されているので、少量でもビタミン・ミネラルを効率よく補給できる。

　例えば、巨峰やピオーネなどの生の葡萄は、約600g。「デラウェア」ですら個体差があるにせよ100〜200gの重量がある。ミネラル補給のために毎日100gの葡萄を1房食べることは、なかなか時間的にも、家計的にもハードルが高い人もいるかもしれない。

　しかし、葡萄を干した「レーズン」であれば、毎日一掴みで済む。多忙なビジネスパーソン、女優、モデルが愛用する理由も納得できる。仕事の休憩時間や、撮影の合間に手軽につまむことができ、お菓子のようにボロボロとこぼれる心配もない。包丁もいらず、種や皮を捨てる必要もない。いつでもどこでも、優れた栄養補給ができるため、旅のお供としても便利だろう。

　美意識の高い人にとって重宝される"ポータブル"な果物としての利便性が、ドライフルーツの真骨頂だ。

まとめ

ドライフルーツは、"携帯できる栄養サプリ"。

レーズンをマインドフルネスのワークに活かす！

「マインドフルネス」とは、五感に意識を集中させて「今、この瞬間」に注意を向けた心の在り方、ないしは知覚を指す言葉だ。マインドフルネスの状態は、無意識の思い込みや先入観などの雑念に捉われず、感情のコントロールがしやすくなるため、自己認識力や創造力が高まり、ストレス改善効果もあるとされている。瞑想は、マインドフルネスになるための手段であって、イコールではない。運動時、食事をしている最中も心、身体、周囲の状況などに注意を向けていれば、マインドフルネスの状態と言えるそうだ。

常に成果を求められるビジネスパーソンは、心身ケアが大切であるため、Google 社は 2007 年からマインドフルネスの独自プログラムを開発・実践しており、日本企業にも浸透してきている。

そんな心を育む練習（トレーニング）に「レーズンエクササイズ」というものがある。これは、五感を刺激しながら 1 粒のレーズンを食べることで、食に対峙する意識を変化させて、精神を集中させるというマインドフルネスのワークがある。参考にしてみてはいかがだろうか（下表参照）。

視覚	・しわのつき方を眺める ・色を観察する
嗅覚	・匂いを嗅ぐ ・噛んだときに鼻をすりぬけた香りを感じる
触覚	・指でつまんで感触を確かめる ・舌や歯で触れて唾液が出る状態を感じる ・舌でレーズンの形状を探る
味覚	・口の中でレーズンを噛んで酸味と甘みを感じる ・咀嚼されて細かくなったレーズンの風味を捉える ・喉で味わう ・飲み込んだ後の口の中のレーズンの余韻を感じる

2 章

ナッツ

「ナッツ」の定義とは？

　ナッツは、種子植物である。発芽や、幼植物期の発育に必要な栄養分を蓄えているため、スーパーフードとして注目されている。

　ドライフルーツ＆ナッツアカデミーで勉強するナッツは、"International Nut & Dried Fruit Council"（以下、INC）がナッツとして定めた9種類である。

　INCは、アメリカに本部を構えている専門機関。ドライフルーツやナッツの健康栄養、調査、貿易における国の基準など、あらゆる情報を各国に相互提供して、ドライフルーツ＆ナッツの市場を促進するためのコミュニティである。
　32年以上の歴史があり74か国以上の製造者、商社、卸売業者などが登録されている（2021年現在）。

　INCでは、木の実ではない「ピーナッツ」の情報も掲載されているが、ドライフルーツ＆ナッツアカデミーでは右ページに記載されている9種類のナッツを検定講座で取りあげている。

アーモンド

食物繊維、アルギニン、カルシウム、ビタミン E
1 オンスあたり 23 粒

カシューナッツ

亜鉛、マグネシウム、鉄分
1 オンスあたり 17 粒

ピスタチオ

亜鉛、カリウム、ビタミン B6
1 オンスあたり 49 粒

ウォールナッツ（くるみ）

良質な不飽和脂肪酸、葉酸、植物性たんぱく質
1 オンスあたり 7 〜 12 粒

ピーカンナッツ

抗酸化作用がナッツ界で 1 位
1 オンスあたり 10 粒

ヘーゼルナッツ

オレイン酸、ビタミン E がオリーブオイルの 2.5 倍
1 オンスあたり 20 粒

松の実

たんぱく質、ビタミン B 群、食物繊維、ピノレン酸
1 オンスあたり 20 粒

マカダミアナッツ

パルミトレイン酸（皮膚細胞の再生効果を助ける）
1 オンスあたり 11 粒

ブラジルナッツ

ビタミン B1 と良質な脂肪
1 オンスあたり 7 粒

ナッツとは、「木の実」である

　そもそもナッツとは、木になる実（木の実）だ。植物の中には、「仁」と呼ばれる部分（厳密には葉となる胚、胚の栄養分となる胚乳から成る）が、食用できるものがある。この仁を乾かしたものが、ナッツである。

　木になるものは果物、草になるものは野菜、という考え方もあるので、ナッツの分類は複雑だが、食用の木の実を総称して「ナッツ」と覚えておけばよいだろう。

　例えば、ピーナッツは、木の実と勘違いされるが、土から収穫されたマメ科ラッカセイ属の植物である（落花生、学名：Arachis hypogaea）。沖縄の郷土料理で、「ジーマーミー豆腐」というピーナッツのペーストが練り込まれた豆腐がある。ジーマーミーは、方言名の地豆が由来である。だから、ドライフルーツ＆ナッツアカデミーではナッツとして取り扱っていない。他にも、栗は果物の1種であり、食用する部分が種にあたるので、英語で"chestnut"と呼ぶ。

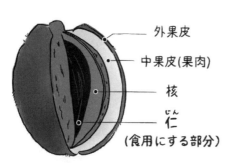

	外果皮
	中果皮(果肉)
	核
	仁
	（食用にする部分）

堅果類		栗
核果類		アーモンド
熱帯果樹		カシューナッツ

まとめ

「木になる」ものが、ナッツ。ピーナッツは豆の仲間。

タイガーナッツは「野菜」の仲間

　ナッツと勘違いをされやすい食品のひとつが、タイガーナッツ。タイガーナッツは、小ぶりな見た目と乾燥具合から、ナッツの仲間と思われる方も多いかもしれない。しかし、タイガーナッツは野菜である。

　タイガーナッツは、エジプト界隈で4000年前から愛用され、アフリカでも貴重な栄養食として食されてきたと言われており、日本でもココナッツオイル、キヌアなどと並ぶ「スーパーフード」として注目された。食物繊維、ビタミン、たんぱく質が豊富であるので、美容と健康へのポジティブな食材だ。タイガーナッツの学術名は、"CYPERUS SCULENTUS"。スペインでは"Chufa"とも呼ばれているが、「カヤツリグサ」という植物の地下茎にできる小さな塊茎を指す。そのため、ナッツではない。

　グルテンフリーのクッキーを販売している知人の会社では、アーモンドプードルの代わりにタイガーナッツをパウダーにして活用した商品も販売していた。アーモンドはアレルゲン食品に認定されているので、野菜の仲間であるタイガーナッツを使っているようだ。

タイガーナッツは、「野菜の塊茎」。

生ナッツの "生" という表現について

　「生」と聞くと生鮮食品の「生」を連想する。しかし、国内において、ナッツを生で食べる機会は、非常に少ないと言える。

　そもそもナッツは生産する上で、土壌菌が着く。土壌菌は、それだけで悪さをするものではないが、毒性をもつアフラトキシンに変化する可能性がある。そのためナッツの供給者は、燻蒸処理を施して虫やカビのリスクを取り除いてから輸出をする。つまり、ナッツが生の状態のまま店頭に並ぶ可能性は、0 に近い。加熱工程を経ることで、果肉が腐り、カビが発生することを防いでいるからだ。では、非加熱のナッツが出荷される場合はどういう時か？

　ナッツ業界でいう「生」とは、主に加工業者向けの言葉である（第4章 参照）。例えば菓子メーカーや、小分け業者がロースターできちんと焙煎して、加熱をしてから顧客の元へ届くことを前提として、生の状態で出荷をする。
　つまり、生ナッツとは本来は「出荷前に焙煎も燻蒸もしていないナッツ」を指す。燻蒸だけして、焙煎をしていないナッツは「非焙煎ナッツ」としての認識であり、実際にそのような状態のナッツも店頭では販売されている。

まとめ

生ナッツと、非焙煎ナッツの違いを学ぼう！

ナッツをおいしく保管するコツは…？

ナッツは湿度にとにかく弱い。湿気たナッツは、味も美味しくない。「カリっとさせた香ばしい素焼きのナッツの鮮度をどのように保持するか？」は、ナッツ愛好家には課題であるはずだ。

そこで、ドライフルーツ＆ナッツアカデミーがお薦めする保管ポイントは、「脱酸素状態をつくる」である。

水分活性値について、細菌は 0.9 以下、カビは 0.8 以下で繁殖が止まると 1 章で述べた。例えばきなこは、水分活性値を 0.5 以下に抑えている企業が多い。ナッツはドライフルーツとは異なって、もともと水分値は少ない食べ物であるが、袋の中の水分（酸素）をできるだけ取り除いて、カビの生育を抑えることは、鮮度を維持する上で大切だ。

つまり、できるだけ"保存する袋から水分を取り除く工夫"が、ナッツをおいしく維持するためのコツ。それには、クッキーなどの洋菓子、海苔などを買ったときに手に入る「脱酸素剤」を利用しよう。あの、脱酸素剤をこまめに保管しておくと便利だ。そしてナッツを保管するチャック付保存袋や密閉容器に大量に入れる。1kg袋に対して７〜８個の脱酸素剤を入れて、冷蔵保管をしてみよう。

また、梅雨時期などに、常温で水分を吸う状態でナッツを放置すると、カビのリスクも高くなるので、ナッツの冷蔵保管を習慣化するとよいだろう。ただし、冷凍は"冷凍焼け"の香りがして、ナッツの風味が消えてしまうのでお薦めしない。

＊脱酸素剤としてよく耳にするエージレスという名称は、三菱ガス化学が製造・販売する脱酸素剤の登録商標である。

「ナッツを食べるとニキビができる」は嘘（ウソ）？

　2013年頃、ドライフルーツ＆ナッツの検定をつくるにあたり合計150名の男女にアンケート調査をしたことがある。「ナッツと聞くと、どんなイメージがあるか？」という自由記述の設問で最も多かった回答が、「ナッツを食べるとニキビ（吹き出物）ができる」だった。

　現在、ナッツは美肌・老化防止効果が期待できる食材として多くの教授や企業も推奨をしているものの、当時は「ナッツを食べる → 肌荒れ原因」と敬遠する人が多かった。ただし「肌荒れの原因が、ナッツにある」は、大きな誤解である。

　では、なぜナッツのイメージがここまで悪かったのだろうか？　実体験を基に分析し、ある論理を立ててみた。そして、その論理は2020年頃から企業が商品化するパッケージのデザインで、ようやく信憑性をもちはじめた。

　知識のないままナッツを食べて、ネガティブな経験をした時、それが原因でナッツを嫌うことになる場合が多い。飲食店やバーなどで供される「ミックスナッツ」。何気なく食べた翌日に、肌トラブルを起こした経験はないだろうか？　これは、じつはナッツそのものが問題ではなく、加工方法に原因がある可能性が高いのだ。

　私の10年以上におよぶ実体験と市場動向のトレンドから、読者の皆さんの肌をよりキレイに保つために勇気をもって伝えなければいけない。

　お肌に優しいナッツの選び方は「素焼きか非焙煎ナッツを選ぶこと」である。

見落としている "植物油脂" の存在

　例えば、私は毎日ナッツを欠かさずに食べているが、ある特定のナッツを食べる時だけ肌トラブルが起きる。それは、植物油脂（植物油）で加工されたナッツを食べた時だ。"素焼き" や "非焙煎" のナッツを食べた時に同じ症状は起きない。

　ちなみに、これは落花生でも同様のことが言える。落花生はナッツではないが、ピーナッツという呼び名からナッツと思われがちであり、また、市場に出回る大半の落花生は、油で炒られたものである。

　"ゆで落花生" や "素焼き" の落花生を数日間、食べ続けて実験をしてみたが、肌トラブルには遭わなかった。この理由は前述の通りであり、ドライフルーツ＆ナッツマイスター検定の講義でいつも解説している。

　また、読者の皆さんの中には、市販のナッツが包まれたチョコレート菓子などを食べて肌トラブルを経験した人がいるかもしれない。しかし、その吹き出物の原因がナッツとは限らない。肌トラブルの原因は、ナッツ以外の可能性がある。潜在的な条件づけ（トラウマ）は、真実を時に隠してしまうのだ。

　これは確証に近いが、最も簡単に証明する方法がある。それは、読者の皆さんでもできる。「食前に油で炒ったナッツを食べる5日間」と「食前に素焼きのナッツを食べる5日間」の前後で、それぞれ肌の調子を比べてみるとよい。自分が食べたものに対する体の反応を比較することが、最もわかりやすいし、説得力がある。ぜひ、実体験を公式インスタグラム投稿でシェアしたり、コメントを寄せていただければ嬉しい。

毎日食べたい「ノンオイルナッツ」の選び方

　ドライフルーツ＆ナッツアカデミーがお薦めするナッツの選び方は、超シンプル。商品を買う際に、必ず裏ラベル（原材料表示）を確認して、ナッツ単品の商品を選ぶこと である。ちなみに食塩は酸化に影響を及ぼさないものの、相対的にカロリーが上がるので、無塩をお薦めする。素焼き（素炒り）したナッツは、油を使わずにナッツから出る油分だけで焙煎をしている。そのため、酸化するスピードは当然ながら油で炒ったナッツよりも緩やかになると言わわている。

　コーヒー豆の焙煎をイメージしてほしい。コーヒー豆は、豆だけで焙煎している。皆さんは、オイルが付着したコーヒー豆から焙煎されたコーヒーを飲みたいだろうか？ ナッツも同じことが言えるだろう。

　私のこれまでの論理を裏付ける証拠は、企業の動きだった。2019 年頃、「植物油」や「植物油脂」という言葉はイメージが良くないためだろうか、数社の市販のナッツのパッケージを見ると、原材料表示に「〇〇オイル」と表記を変えていた商品があった。ただし、玄人は見極めている。例えば、オリーブオイルもオリーブ（植物）から抽出されたオイルであり「植物油脂」に変わりがない。そこで、現在は各企業がパッケージの表側に「ノンオイルナッツ」「油不使用」とアピールしており、油の添加がないナッツが市民権を得ていると感じている。この時代の流れは、大変喜ばしいことであろう。

ノンオイルを表記して素焼きをアピールする商品が目をひく

体に優しいナッツ選びは、チョコレート選びにも通ずる

　油脂の知識は、ナッツに限らず他の食品にも利用できる。そこで、簡単に油脂の種類を紹介する。一般家庭で使う植物油脂は、大豆、とうもろこし、なたね、オリーブなどが原料の油が多い。例えば、サラダ油は大豆油となたね油を調合したものが主流。とうもろこし油やべにばな油（サフラワー油）は、ドレッシングによく使われている。

　一方で、お菓子工場などではパーム油がよく使われる。現在、なたね油は約100万トン、パーム油は58万トンを超える消費量である。

　では、市販のチョコレートには、なぜ植物油脂をこれほどまでに使うのだろうか？

　理由の1つは、チョコレートの形を保ち、口どけを良くするためである。

　「チョコレート類の表示に関する公正競争規約」によると「チョコレートの原材料のうちココアバター以外の食用の油脂は『食用油脂』と記載する」とある。つまり「食用油脂」は、それが植物性であるという証明ではあるものの、チョコレートの原材料表示において「植物油脂」がどんな植物からつくられているのかを明記する義務はない。

　チョコレートとは本来、カカオマス、カカオバター、シュガーの3つの原料だけで製造ができる。ちなみに、私は自然に近いチョコレートを好むため、植物油脂、香料、乳化剤などが入らないチョコレートだけを選ぶようにしている。

まとめ

ナッツ選びのコツは、体に優しいチョコレート選びにも応用ができる。

油脂と KOKU（コク）

　では、なぜ多くの加工食品などに「植物油脂」は、使われるのだろうか？

　理由は、「コク」をつくるためである。食品素材自体の過熱や熟成・発酵時間を長くすればするほど、コクは強くなる傾向がある。

　例えば、醤油や味噌。発酵時間が長くなると微生物の作用で呈味物質や香気物質が増加して、味わいも強くなる。長期熟成のチーズが美味しいのも、これが理由だ。そのため、コクが少ない食材にコクを与えるために、油脂やうま味物質、コク味物質（グルタチオンなど）が役立っている。

　また油脂には、匂いを保持する作用がある。調理したり熟成・発酵したりしている間に生成した物質が油脂に吸着する。そして、これをヒトが口にした時、油脂から匂いが徐々に放出されて広がっていく。油脂は口腔内の粘膜に付着し、そこから匂いが持続的に出てくるという作用があるため、使われている。

　さらには、油脂のドロッとした「とろみ」が、味わいに持続性を与えてくれる。油脂が持っているコクに関連したこのような作用は、玉ねぎに含まれる植物コレステロールという油脂を使った実験で見い出されており、2016 年の「Food Chemistry」という論文で発表されている。「コク」が海外でも「KOKU」と表されるようになった最初の論文である。つまり、油脂は確実においしさを引き出すための"匂いを保持する作用"が大きいと言える。

アーモンドが大豊作の見通し！

アーモンドは、アメリカが世界生産の約80％を占めている。日本のアーモンドも貿易統計によれば、ほぼアメリカ産である。

日経MJの記事（2021年6月2日）によると、米国農業統計局（NAS）は、最大の産地カリフォルニア州の2021年8月〜2022年7月のアーモンドの収穫予想が過去最高の前年を上回る見通しと発表した。第一次収穫予想は、前年度比3％増の32億ポンドとしている。殻無しスイートアーモンドの輸入量は2020年が19年比7％増の約3.9万トンであった。2006年比で8割ほど増えている計算だ。
健康志向の高まりや、"第3のミルク"として「アーモンドミルク」が着目されていることもあり、アーモンドの国内需要は堅調である。この流れは、素晴らしいことだ。アーモンドだけでなく、全体のナッツが豊作となって、国内に輸入されれば、値下げにも寄与されるかもしれない。一方、ナッツは、為替相場の影響を大きく受けるので、ますますお手頃な食品ではなくなるかもしれない。

ただし、この課題は消費者1人1人の協力で解決できるかもしれないのだ。欧米諸国のように、1人あたりのナッツとドライフルーツの消費量が増えれば、日本への輸入量も増える。すると、商社は今以上に大量に一括して安く仕入れることができてくる。そうすれば、私たちにもコスト面でほんの少し還元されることが期待できる。

つまり、手頃にナッツやドライフルーツが手に入る世界とは、私たちの食習慣や食に対する意識が握っているといっても過言ではない。

ナッツの習慣化メリット①
「ビタミン・ミネラル」

　アーモンド 100g には「抗酸化ビタミン」「若返りビタミン」と呼ばれるビタミン E が、約 30mg 含有されている。ビタミン E は抗酸化作用をもち、ヒトの肌には嬉しい効能がある。アーモンドの皮に含まれるポリフェノールと相乗効果も期待ができるため、毛細血管を活性化、脳の老化防止、心臓病による死亡率の低下、老化防止などの効果がよく列挙されている。

　また、カシューナッツ、ピスタチオ、松の実には、亜鉛が豊富である。アルコールを摂取すると、体内の亜鉛が失われていく。そのため、これらのナッツはお酒のお供として理に適った食品だ。亜鉛は、タンパク質をアミノ酸に分解するための酵素の材料だ。細胞の修復や、免疫力の向上に役立ち、不足すると味覚障害を引き起こす可能性もある。日本人に足りていないミネラル代表格は亜鉛と言われている。男性の場合、男性ホルモンの代謝にも不可欠である。

　また、ナッツに含まれるカリウムの利尿作用で、お酒を上手に代謝させれば 2 日酔い予防策になる。この時に「無塩」のナッツを選べば、水分を余計に飲まずに済む。ナッツで上手にビタミン、ミネラルを補給したい。

「お酒のお供にナッツ」は、理にかなっている。

ナッツの習慣化メリット②「食物繊維」

　日本人の食物繊維の1日の目標摂取量は男女共に約20gを目安とされている。

　例えば、片手の手の平いっぱいに広げたアーモンド（約28g）には、ごぼうの約2倍の10.4gの食物繊維が含まれる。これは、玄米の約8倍の食物繊維に該当する。ナッツは、生活習慣病の予防食として適任である。

　さて、米国のカリフォルニア・アーモンド協会では、「手の平いっぱい分（1onz：オンス）のアーモンドを食べましょう」と州全体で呼びかけをしている。

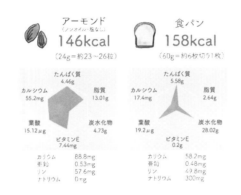

　1オンスはアーモンド約23粒と概算されるので、これを「123キャンペーン」として発信している。アーモンド23粒と食パン1枚のカロリーはほぼ同等だ。しかし、食物繊維が多い上、アーモンドは低糖質なので、糖質が同等量でも、食パンよりナッツのほうが優位であるのが一目瞭然だ。全粒紛入りのパン・パスタなども食物繊維が豊富で健康的と言われているが、小麦であることには変わりがないため、糖質が高く、血糖値を上昇させるのが玉にキズ。そのため、グルテンフリーをしている人にも、ナッツはお薦めである。

> **まとめ**
>
> 栄養バランスのよいナッツを毎日の食事の選択肢に。

ナッツの習慣化メリット③ 「植物性たんぱく質の宝庫」

　たんぱく質には動物性／植物性の２つがあるが、バランスよく摂ることが大事だと言われている。精肉（生肉）を焼いて食べることは、たしかに良質なたんぱく源の摂取として効率が良い。なぜなら、動物性たんぱく質のアミノ酸の組成（量・種類の比率）がヒトの必須アミノ酸の組成に近いため、効率良くアミノ酸を摂取できるからだ。一方で、植物性たんぱく質はナッツで手軽に補給することができる。

　そもそも成長するもの（果物、野菜、穀物、豆類などの植物）には、たんぱく質が含まれている。そしてその量も、肉からみても驚きだ。実際に比較をしてみた。

 牛肉
11.7g

 アーモンド
19.2g

 鶏肉
16.2g

 カシューナッツ
19.8g

（たんぱく質の含有量/100gあたり）

　こうして数値に置き換えてみると、ナッツのたんぱく質の豊富さには驚かされるだろう。ナッツは、手軽に植物性たんぱく質を補給できる食材だ。

 まとめ

植物性たんぱく質はナッツから摂るのも効果的！

ナッツの習慣化メリット④ 「良質な脂肪酸が摂れる」

　体が正常に働くためには脂肪は不可欠な栄養素であり、"すべての脂肪＝体に悪い"とは、一概に言い切れない。ナッツは"身体にやさしい脂肪"を摂ることができる。

　そもそも、摂取カロリーのうち、脂肪が 20 〜 25％を目安とした場合に摂るべきオイルは、多価不飽和脂肪酸オメガ 3（n-3 系）である。

　動物の餌が穀物（コーン・大豆など）の場合、餌の中にオメガ 3 が十分ではないため、現代人は必須栄養素が不足しがちだと言われている。だからアスリートをはじめとした健康意識が高い人からグラスフェッドビーフ（牧草で育った牛）の肉が支持されている。他にも、羊、天然魚や、ミネラルバランスに配慮された餌で養殖された魚などを積極的に摂るとよいだろう。

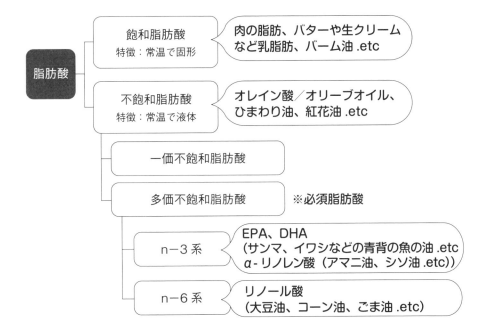

不飽和脂肪酸とナッツの関係

　不飽和脂肪酸とは、簡単に言うと化学構造式で炭素と炭素の間に二重結合をしたものを含んでいる脂肪酸だ。その結合する鎖が1つならば「一価不飽和脂肪酸」で、2つ以上ならば「多価不飽和脂肪酸」となる。

　美容と健康に優れているとされる「スーパーフード」の中には、オメガ3、オメガ6、オメガ9などが含まれており、それらの言葉を聞く人も多いだろう。この数字は、結合された鎖の数だと考えればわかりやすいだろう。

　ナッツには、一価不飽和脂肪酸や多価不飽和脂肪酸が豊富に含まれており、善玉コレステロールを増長してくれる効果があると期待されている。例えば、ヘーゼルナッツには落花生の約1.7倍、オリーブオイルの約2.5倍のオレイン酸が含まれている。オレイン酸は、一価不飽和脂肪酸の代表選手であり、体に有益な脂肪酸だ。

　他にも、くるみに含まれる多価不飽和脂肪酸は、体内で合成できないので「必須脂肪酸」であり、注目度が高い。これらの脂肪酸については、ドライフルーツ＆ナッツアカデミーでも「脂肪酸の構造」という新しい講座をつくる予定だ。

　油を知ると、もっとナッツを語れるようになる上、毎日の健康に役立つことは間違いない。

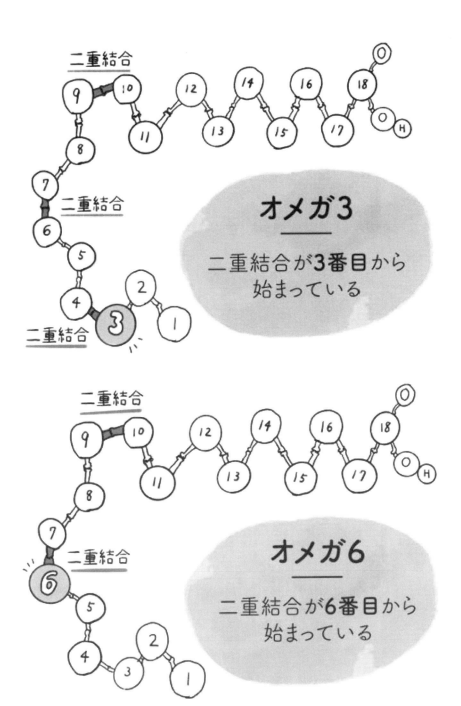

二重結合

オメガ3

二重結合が**3番目**から
始まっている

二重結合が始まっている

二重結合

二重結合

オメガ6

二重結合が**6番目**から
始まっている

二重結合

ナッツに含まれる「メラトニン」を知ろう！

　コロナ禍で、不眠症をはじめとする睡眠障害に悩まされる人が増えたそうだ。テレワークの恩恵で残業時間は減ったものの、生活習慣の変化に適応できないこと、また将来への経済的な不安などの強まりが原因の１つではないかと言われている。そんな睡眠障害に影響しているものが「メラトニン」の分泌量である。

　メラトニンは、夜になると血中で増えて体の中を巡り、体温を下げることで睡眠を促す。網膜から入った光刺激は脳の視交叉上核を経て、松果体に達するのだが、明るい光によってメラトニンの分泌は抑制される。そのため、日中にはメラトニン分泌が減少、夜間に分泌量が増加し、自然と体は睡眠モードとなるわけだ。

　年を重ねると、この信号系に退行性変化（組織のカタチが変化してその働きが低下すること）が起きるため、分泌量が減ると考えられているそうだ。幼児期（１～３歳頃）は最も多く分泌されて、思春期以降で減少し始めて、70歳を超えるとピーク時の1/10以下になることがわかっている。

　また、メラトニンはストレスにも影響を受けてしまう。メラトニンの原料である「セロトニン」は精神的なストレスによって分泌量が低下してしまうからだ。過度な精神的なストレスにより、脳内のセロトニンを含むモノアミン系神経伝達物質の代謝障害が起きやすいので不眠につながることが想定されるのだ。

　では、このメラトニンとナッツの関係は、どのようなものであるのか？

ナッツの習慣化メリット⑤
「質のよい眠りへの誘いに期待」

　入眠をスムーズにするメラトニンは、通常は就寝時間の約1〜2時間前から分泌され、深部体温が最低になる就寝後1〜2時間でピークを迎える。メラトニンは抗酸化物質でもあるので、高齢になるにつれて減少してしまう。だからこそ、ナッツで補っていきたい。

　メラトニンを含むナッツが、「くるみ」と「ピスタチオ」だ。American Pistachio Growers とパートナー提携をしているルイジアナ州立大学の研究者2名は、果物、野菜、シリアルなどと比較して、ピスタチオにメラトニンが多く含まれていることを発表した。その量は100g中に660ngであり、焙煎をする／しないによって数値に影響がないこともわかっている（果物は0.05〜15.00ng／g、野菜0.04〜18.15ng／g）。

　また、ピスタチオには、特定のフェノール類が含まれており、トリプトファンの低落を抑えることができると同大学 Jack Losso 医師は話す。トリプトファンは、不眠、睡眠の長さや質の改善に役立つ可能性があるそうだ。

　また、アーモンドなどには「グリシン」という成分が含まれている。このグリシンも睡眠の質の向上、寝つきをよくする働きがあるとされている。

まとめ

羊を数えるより、ナッツを食べる習慣をつけよう！

ナッツ業界あるある "暗黙の助け合い"。

ナッツを輸入する商社のビジネスは、主に「原料卸」と「リテール（小売）」の2種類だ。

リテールとは、私たちが活用するネット通販や、スーパーマーケット、ドラッグストアなどの店頭に並んでいる市場を指す。重量は、概ね100g～2kg程度で購入できるものだ。

一方、原料卸とはナッツを数百～数千t単位で大量にコンテナ船で輸入して、製菓・食品メーカーやベーカリー、大手のコンビニエンスストア、リパッカー（小分けする業者）などに販売するビジネス。この原料卸が、ナッツ商社の主たる売上構成比を占めている。ただ、たいていのナッツは輸入品であるため、棚卸在庫を見越して取引先に対応しなければならない。

しかし、不測の事態が起きたとき、在庫が足りずに困ってしまうことがある。そんなとき、商社同士がお互いに助け合いをして、ナッツの在庫を譲り合っている点が、ナッツ業界の非常にユニークな点ではないだろうか。

駅ナカのお店で、A商社やB商社がそれぞれ仕入れをしてお互いのプライベートブランド（PB）商品として袋詰めされたナッツが隣同士で並ぶ光景が見られる。リテールでは、ナッツの棚（市場のパイ）を競争しているにも関わらず、"困った時はお互い様"と、もちつもたれつの関係性が続いている。

こうした、ナッツ市場を牽引する企業たちの共創したやりとりが、今の時代にも合っていて、温かくて素敵だなと思う。

3 章

取材 <ruby>取　材<rt>インタビュー</rt></ruby>

― ドライフルーツとナッツ
ビジネスの経営者たち ―

全国でドライフルーツと
ナッツ商品を展開！
ロカボナッツの先駆者。

菱沼 正克 ｜ 株式会社デルタインターナショナル 取締役（創業者）

【写真：右】

枝澤 政隆 ｜ 株式会社デルタインターナショナル 取締役

【写真：左】

1992年10月に設立したナッツ・ドライフルーツの専門商社です。米国のキャンポス
ブラザーズ社の日本総代理店としてアーモンドの輸入を開始。以降、「くだもの屋さん」
シリーズや、殻付きアーモンドなどのヒット商品を連発させて業績拡大をしています。
2016年から販売開始したロカボナッツは、空前の大ヒットに。着想した企画から販売ま
でのスピードが非常に早い"企画型商社"の経営者としてお二方を尊敬しています。

―― 井上です！ 本日は宜しくお願い致します。まず、御社の歴史をお伺いします。

菱沼―― 1992 年、株式会社デルタインターナショナルは設立されました。京都に
ある生鮮青果物の輸入卸の株式会社ローヤル、米国のフレッシュパシフィック
社と私の 3 者で立ち上げました。私は、全日空商事株式会社でナッツ、ドライフ
ルーツの担当をしていましたので、知見がありました。最初は、社員も 30 歳の
私と事務の女性の社員の 2 名から始まっています。

―― 1992 年は、オリンピックの年ですよね。30 歳から始めた会社が、今ではテレビ CM
を打つほど大きな会社にまで成長していて、素晴らしいですよね。尊敬します。さて、
枝澤さんは、このナッツの業界に入った経緯についてご教示ください。

枝澤―― 私は別業界で働いたあと、農家になることを目指しました。世界の農業
ビジネスも見たくて、語学を学んでオーストラリアに渡ってファームステイで農
業体験をしました。でも、そこで日本の農家と世界の農業ビジネスの規模がまっ
たく異なることに衝撃を受けて…農家ではなく、農産物関係の商社のようなキャ
リアを目指しました。でも日本は当時、今よりも不況で、澤光青果という八百屋
さんに入社しました。

―― なるほど。八百屋さんからドライフルーツ業界へ転身したのですね。

枝澤―― はい。まずは、現場を知ることから始めました。ただ、同時に職業安定
所でも「農産物を扱う商社を希望」と登録していて…。それで、この株式会社デ
ルタインターナショナルを紹介されました。

―― そのときから会社がここまで成長する兆しがありましたか？

枝澤―― いや、想像つかないです。社員は 4、5 人ぐらいでしたし、一緒にリテー
ル営業をする予定の人たちが、入社して半年もしないうちに辞めてしまって…
（笑）。それで、ほぼ 1 人で「枝付き干し葡萄」などを営業していきました。当時
は「DELTA とつくけど、飛行機関連の会社？」と聞かれて、まず業界で知名度
を得ようと、必死で全国を走り回りました。けれど、商売を九州でつくっても、

北海道に行って帰ってきたら、もう九州では販売されていないといった“自転車操業”な状態が続いて、大変だった思い出があります。

―― そうなのですね！ 僕は 2012 年に御社に入社しました。面接をして頂いたのもお二人でしたね（笑）。2012 年頃と比べて、ナッツやドライフルーツ市場には、どんな変化があると感じていますか？

菱沼―― 2012 年といえば、NHK の「あさイチ」という番組でナッツの特集が組まれ、アーモンドに一気に注目が集まった年です。アーモンドや胡桃の効能が伝えられて「放映日のうちに店頭からアーモンドが無くなった」なんて出来事がありました。2012 年は、ナッツが健康食品として認知された「ナッツの元年」のような年だったかと思います。現在は、消費者の中でも、小売業界の中でも「ナッツは体にポジティブな食べ物である」という認知は広まっていますよね。

―― なるほど。私は当時「ドライフルーツとナッツの検定事業をつくりたい」と考えて御社に転職をしようと思い、社会人の先輩に相談したとき、まだまだナッツもドライフルーツも市場が小さくて「こんなのビジネスにならないよ」と馬鹿にされたのを覚えています（笑）。枝澤さんから見ると、この 10 年間の変化を肌で感じていますか？

枝澤―― はい。私は当時は、青果中心の市場開拓をしていました。ただ、ドライフルーツやナッツは、売上として 1% 以下。だから、バイヤーもなかなか話を聞いてくれませんでしたね。それが、今では市民権を得ているし、カシューナッツの売上げ構成比などもだいぶ大きくなったという印象を受けます。

菱沼―― クルミは、年間 22,000t 規模まで、アーモンドも 42,500t 規模まで輸入されています（2021 年度実績）。そういう意味で市場は拡大しています。あとは市場の変遷が大きいですね。2012 年の頃までは「業務用」というか、アーモンドであれば、アーモンドチョコレートなどの原材料として使うことが多かったです。でも、ナッツを健康的な食品として楽しむ人たちが増えてきて、今ではその領域のマーケットが格段に大きくなったように思います。

―― 大きな変遷ですよね。私が会社に在籍していたころは「くだもの屋さんシリーズ」

のドライフルーツが最も知名度があったのではないかと思います。「くだもの屋さんシリーズ」の現状の売れ行きは順調ですか？

枝澤──くだもの屋さんシリーズは逆に苦戦しています…（笑）。

──え!? なぜですか？

枝澤──理由は多分、競合の進出です。販売当初は、ドライフルーツは特に目立ったブランドもなくて「くだもの屋さんシリーズ」はインパクトがありました。青果中心で販売もしていたので、市場のシェアを一気に取れたのです。ただ、「青

「くだもの屋さんシリーズ」の種抜きソフトプルーン＆砂糖不使用ドライフルーツたち

「ナッツ屋さんシリーズ」はエコな紙パッケージ

果でドライフルーツは売れるんだな」って他社も気がつき始めました…。

—— それって、ドライフルーツ&ナッツの売り場が、珍味コーナーから青果に変わって
いったということですか?

枝澤 —— はい、その通りです。昔は、豆とか落花生の横とか、ある種の「おつまみ」
や「乾物」の扱いだったドライフルーツが、青果売場で売れるようになった。そ
れで、各スーパーのPB商品も増えていきました。大手CVS(コンビニエンス
ストア)やSM(スーパーマーケット)各社もストアブランドで販売をして、工
場まで作り始めた。そうすると、商品やブランド同士にも差がでにくくなります
よね。そういう点で「くだもの屋さんシリーズ」は、よりフルーツに近い味わい
を目指して、おいしい商品を提供していくことで、シェアをまた獲得していきた
いと考えています。

菱沼 —— できるだけ新鮮な生のフルーツに近いものを体現したいと思います。つ
まり、少しだけ柔らかいドライフルーツを提供していきたいと考えています。も
ともと、昔は果物屋さんが各駅に1軒ぐらいあって、スーパーの果物売場よりグ
レードの高い品が置かれていたものです。我々もそのイメージで、原材料にもこ
だわり、ネーミングをつけた背景がありますからね。また、仕入先の精査によっ
て、いち早くトレーサビリティーという概念を築きました。

—— なるほど! 実際に、このブランドのドライフルーツは大変美味しいですよね。コン
セプトがわかりやすくて、良いですね。私は、くだもの屋さんシリーズでは、黒いちじ
くが大好きです(笑)。ふっくらとしていてジューシーですよね。

枝澤 —— 有難うございます。あれは、加水することでジューシーな味わいを強く
しています。パッキングしてから少量の加水をしていますね。パッキングする前
に水を入れて、パックをして殺菌する。加水率は、約10%くらいで…。

菱沼 ——「生のフルーツの状態に戻す」って感じだよね。ドライフルーツを果物寄
りにする雰囲気。でも、ちゃんと殺菌がされているから、水分活性値も問題ない
という代物。

―― ご説明、有難うございます！ さて、1つ気になる点があります。他社のスーパーの PB 品が増えたという話ですが、商社である御社はその状況はその状況で、原料の商売につながるわけじゃないですか？ だから、たとえ自社ブランドが多少衰退しても原料ビジネスが増えて、売上は相殺されるものではないのですか？

枝澤―― 原料供給は確かに増えるかもしれませんが、やはり全体のマーケットを大きくしたいので、消費者にどれだけ支持されるかが重要です。ある大手企業にドライフルーツを納品したときの話ですが、売上が 10 兆円に到達した後は、それ以上は伸びませんでした。なので、商社としては原料も小売も、双方の市場が大きくなる形が理想なのです。残念ながら、ドライフルーツに関しては、ナッツと違って新商品も開発しづらい。レーズンとかプルーンが素材として使われる事例も 2000 年以降は少なくなりました。レーズン入りのパンがあって、そのレーズンの品種が変わったくらいの変化では、画期的なアイデアとは言えないわけです。

―― 原料も売りたいし、自社商品も伸びてほしい。このバランスが難しそうですね。

枝澤―― そうですね。バランスを見ながら将来的にビジネスが枯渇しないようにすることがポイントです。だから、分母を大きくしたい。食べてくれる人を、いかに増やすかですね。それは、我々の使命になるのかな…。

菱沼―― そう。我々のポジションは常にマーケットを作らなきゃいけない。だから安く売ればよいわけではなくて、消費者のライフスタイルに合わせることが大事ですよね。原料ビジネスをしますが、企画力も強みなので、その企画とセットで販売する会社を目指しています。

―― なるほど、マーケットメイクも同時にする商社という位置づけですね。では、次は「ロカボナッツシリーズ」について伺いたいです。御社は、ロカボナッツの先駆者（パイオニア）だと思っています。ロカボに注目した理由やストーリーなど教えてください。

菱沼―― 2014 年くらいかな…食・楽・健康協会を創設した山田悟先生の講演を聞きました。低糖質でロカボな生活にとり入れる食材として、ナッツが着目され

ていました。ミックスナッツ（くるみ、アーモンド、ヘーゼルナッツ）を毎日約30g食べると冠動脈疾患のリスクが減少するという論文があったからです（N Engl J Med 2013; 368 : 1279-90.）。ナッツはカロリーが多少あるけれど「低糖質」であるということに注目しました。

── なるほど。でも菱沼さん、売り出して間もない頃は、ロカボナッツの反響は薄かったと話していましたよね…。それは、なぜでしょうか？

菱沼── まず、売価が高すぎた。880円の商品をどこの顧客に持参しても、皆、びっくりするわけ（笑）。あと言われたのは「これ、ただのミックスナッツでしょ？」と（笑）。

枝澤── 組み合わせを変えただけで、たしかにミックスナッツには間違いないですから（笑）。ただ、九州の西鉄線の駅から15分くらい離れた小さなスーパーで、テスト販売をしてみたのです。周りに大手のスーパーが立ち並んでいたし、正直、期待はしてなかったのですが…。

── そうすると？

枝澤── 置いた翌週あたりにバイヤーから「スゴイ売れた！」と言われた（笑）。「どういう人が買いに来ていますか？」と伺ったところ、「女子大生が駅から降りてわざわざ購入しているようだ」と。「880円なのに10袋、20袋と出ていき、POSデータ上では、稀にみる売れ行きだ」と話をしていました。ただの偶然かと思って、今度は長野県の郊外にあるスーパーマーケットでも試しました。そうしたら、そこでは月に100袋ぐらい売れた。1か月で、その店のドライフルーツとナッツの総売上げの中で、断トツになりました（笑）。その後、イトーヨーカドー様に持参をして、最初は渋々な感じで、5〜10店舗だけの導入だったのですが、結果、全店導入に至りました。

── それは、すごい成功ストーリーですね（笑）！ インサイトは何だったと思いますか？

枝澤── おそらく「低糖質」というキーワードですかね。自分は、お腹が出てい

ますが、ボディメイクする人たちが多くなりましたからね（笑）。

菱沼——そうだね、ダイエットをしている人たちに刺さったと思いますよ。トレーニングをするアスリートとか、男性も含めて間食にナッツを食べるような習慣がついたこともありますね。消費者の生活シーンが変わってきたと感じました。

——そうですよね。Z世代の新しい価値にも「ヘルシー」という概念がありますもんね。フィジカル面だけではなくて、ストレスのない人間関係なども意識して、健康的に仕事や生き方を選ぶ人たちが増えているそうです。

枝澤——そうそう。その価値観に多分、マッチしました。あと、ドラッグストアで売場を作っていただいたことも大きいです。ドラッグストアが「低糖質ロカボ」に対する啓蒙活動をしながら、販売していたからです。

——なるほど。私のインサイト推測は、「考える時間の短縮」なのかと思っていました。だって、別にミックスナッツを買って、自分が好きな量を自分で調整すればいいじゃないですか？ でも、単純にナッツの粒数を考える（計算する）という面倒くさい手間が、ロカボナッツは解消してくれたのではないかと思います。「1袋にすることで、これだけ摂っておけばよい」という判断目安をつくった。つまり、「ヘルシー」と「手間の排除」の掛け算なのではないかと思うのです。

枝澤——それは、おっしゃるとおりだと思いますよ。なぜかというと、ロカボナッツの前進のブランド「ナッツ習慣」という商品があったのだけど、それなりに売れていました。ただ、そこに"健康"の論理が融合されて、爆発的に伸びたのだと感じます。

——今、ロカボナッツはどのくらい売れているのですか？

菱沼——末端で50億円ぐらいのマーケットに成長しました。ロカボシリーズ全体の市場は、1,000〜2,000億円ぐらいあると言われています。で、そのうちのナッツは300億円ぐらい。つまり、食品の中ではナンバーワン製品になっている。

—— 大きいですね。御社が、ほぼ（市場の）パイを占めていますよね？

菱沼—— はい。多分うちが8割強ぐらいおさえていますね。他社は、参入がしづらいから「低糖質ナッツ」という表現で逃げている感じですかね。

—— 有難うございました。次は商品規格について伺いたいです。海外のドライフルーツを扱うことの大変さ、商社にいないとわからないことなど、そのあたりストーリーを伺えますか？

菱沼—— 日本で商売をする場合、"日本の常識をサプライヤーに理解してもらうこと"は一苦労しました。日本の基準は厳しいですからね。例えば、アーモンドチョコレートに入るアーモンドの場合、厚みや長さには、きちんと規格（regulation）があります。でも他国から見れば、この細かすぎるこだわりは考えられないことなのです。アーモンドの長さだけならまだしも、厚さまで指定されるわけですから。でも、その厚さの違いで、食感と味わいが変わってきてしまうのも事実です。

—— このような細かいポイントに拘るからこそ、日本の食文化は進歩するし、世界中から愛されるのかもしれませんね。

枝澤—— あと、異物問題も"業界あるある"ですね。農産物なので、必ず異物はつきもの。でも日本の場合、許容範囲が狭いです。つまり「異物0」でなきゃNG。特にレーズンは、とても厳しいです。

——あぁ…。ステム（枝）ですよね？

菱沼—— はい、「キャップステム」と言われるレーズンのヘタや枝の混入が1番の問題となるからです。パンを食べたときなどにこれが歯に引っかかってしまうと、大クレームになります。2000年、このキャップステムや枝（ステム）は、機械では100％除去ができないと判断して、やり方を変えました。

——どのように変えたのですか？

菱沼——人による目視選別と手作業で、悪いものを排除するのではなくて、「良い
　　レーズンだけを製品として売る」という発想の転換です。"枝が入っていそうな
　　レーズンだけを排除して淘汰していき、出荷する方法"に切り替えました。だか
　　ら、当時は人件費もまだ安かったので、中国の労働生産性を生かして、ベーカ
　　リー向けのレーズンの選別専用工場を中国につくりました。

——あの工場、まだ稼働しているのですか？

菱沼——今は中国じゃなくて、日本にある機械で選別をやっています。機械の性
　　能が良くなってきたから日本でもキャップステムを取るようになりました。ア
　　メリカのレーズン出荷側でもレーザーソーターという機械により、目視とほぼ同等
　　のレベルまで選別ができるようになりました。

枝澤——当時は、プルーンの種抜きも中国でやっていましたからね。でも、未だ
　　に日本では、できない。プルーンだけは変わらずの課題です。現地頼りで、種を
　　抜いています。

菱沼——ちなみに、ある大手のパンメーカーの購買部長に「レーズンを供給した
　　かったら、自社工場にあるレーズンのソーティング（選別）ラインを無くすくら
　　い異物のないレーズンを持ってきたらいくらでも買ってあげますよ」と言われま
　　した。その頃、その会社は約5,000tぐらいレーズンを仕入れていました。当時
　　の日本の総輸入量は25,000tくらいなので…このチャンスは取りに行こうと思い
　　ました。

——約20％ぐらいのレーズンの取扱い量…。大きな取引先の1つですね。でも、そのス
　　ペックに適ったということですね？

菱沼：はい、中国選別は適いました。よく考えると、彼らは賢いです。自社工場で
　　選別していた手間を、商社に解消させたことになる（笑）。

——たしかに、そうですよね。話は変わるのですが、同じ異物混入という点で、ドライ
　　いちじくは、虫の混入リスクで敬遠される会社が多い気がします。あれは、どうやって

対処していますか？

枝澤──── 虫がイチジクのお尻から混入するのは周知の事実です。ただ、お尻から入って、トップの先端まで登ってくる虫は、ほぼいない。大体、いちじくの底の2〜3cmあたりにとどまる。なので、そこを道具を使って切って、検品をしています。ブラックミッション（黒いちじく）は、実が小さいので、そもそも虫が入らないです。

──── だから、ドライ白いちじくは、よく切り込みがある製品が多いわけですね…！ さて、2020年度で売上高232億円の御社ですが、商社の立ち位置からドライフルーツ、ナッツ市場をどう予測されているか気になります。また、今後の課題などありますか？

菱沼──── ナッツに関しては、特に日常での利用、調味料に使うとか、食卓に常にあるようなナッツの新しい商品開発及びマーケット創りというのが我々の責務じゃないかなと思います。健康寿命が延びているからこそ、健康に対しての研究は深めていきたいです。マーケットに関しては、海外の展示会に訪れると、たとえナッツの生産国じゃなくてもナッツ販売をしている。つまり、世界に向けてナッツを提案しているのです。でも、日本は、国内マーケット内ではアクティブだけど、世界に対しての発信は少ない気がします。なので、我々もナッツを取り扱う世界企業として、「日本食とナッツの組み合わせ」などを考えたいですよね。例えば、「塩麹×ナッツ」とか、「出汁×ナッツ」などの和要素ですね。

──── 有難うございます。用途をもっと広げて、日常的に食べてもらえるシーンを是非増やして頂きたいです。ところで私は、さらなる業界のすそ野拡大のために、ドライフルーツ＆ナッツアカデミーを運営しています。期待されることはありますか？

菱沼──── やはり、ナッツ・ドライフルーツの啓蒙活動を今以上にしていただいて、資格を取られる人数も増やしてほしいですよね。口コミで、ナッツやドライフルーツの業界全体が広がっていけば私たちも嬉しいです。私のイメージは、講演などで井上さんとコラボするとかですかね。あとは研究者など、教授のような専門職の方が、ナッツやドライフルーツを研究題材にすると、それだけ発表の論文が多くなって市場も大きくなると思っているので、コラボするとか。弊社もとあ

る女子大学の授業の一環で、ナッツの新商品開発をテーマとしてやっていました。井上さんも僕らよりは若いのだから、学生などの若い世代にもナッツの魅力を理解してもらえるような活動とか、新しい食べ方などを提案していただきたいと思います。

—— なるほど、流石ですね。そこまで俯瞰して業界を見ていらっしゃるのですね。では最後に、枝澤さん…。枝澤さんは私の元上司であり、会社を辞めてからも、ずっとつながっていてくださいました。本当に深く感謝をしています。この感謝の気持ちだけは、絶対に本書にも載せたいと思っていましたが（笑）。私という人間を諦めずに、今日まで接してくださいました。

枝澤 —— いえいえ。まぁ、当時は社内にいる他の人が、井上さんのことを理解できる人は少なかったですから（笑）。

—— はい（笑）。それでは最後に枝澤さんにドライフルーツ＆ナッツアカデミーへのメッセージをいただいてよろしいでしょうか。

枝澤 —— 井上さんが、弊社に入社されるときの面接。あれは正直、素晴らしいプレゼンだったし、何よりもドライフルーツ、ナッツが「すごい好き！」という情熱が伝わってきて、感心しました。ここは、今でも当時と変わらない。ただ、あのときは、コミュニケーションする上での表現の仕方や周りとの人間関係が下手だっただけ。ただ、最初から感じていたことは、「こういう少し変わった人が、たぶん世の中の何かを変えていくこともあるだろうな」という期待でした。困難を突破する人って、やはりどこかズレている気がするのです。井上さんは、弊社から外に出て、こうして、また再会ができた。私たち組織は、ビジネスをつくるテクニックや販路があるかもしれないけど、やっぱり「これをやりたい！」という気持ちが大切な現代社会です。
　その点で、井上さんはずっと前から「ロカボ生活」というか、食品添加物のない世界や食事を純粋に広げたいという想いを、諦めずに実行されているじゃないですか。そういう一貫性があるところは、これから大事だと思います。井上さんの想いは、もっともっと、このドライフルーツ＆ナッツアカデミーを通じても広がっていく気がします。これも縁なので、我々ができることは一緒に応援してい

きたいなという想いです。

—— 温かいメッセージを大変にうれしいです！ そしてお二方とも、本日は有難うござい
ました。

■取材協力■

株式会社デルタインターナショナル

東京都品川区北品川 4-7-35 御殿山トラストタワー 11F

ピスタチオ市場を拡大させる！
ナッツの精鋭が集まる専門商社

五十嵐 聡 | 株式会社リンク・リソース 代表取締役

全日空商事の食品部門にて、長年にわたり生鮮食品、スイーツ、そしてナッツ・ドライフルーツに携わってこられた五十嵐さんが、2018年に独立・起業した専門商社です。ピスタチオの取扱量は日本トップクラスで、都内に専門店までOPEN。非常に幅広い人脈と販路があるからこそ、スピーディーで確度の高い事業展開をこなしておられます。話をしていて、いつも刺激を受ける経営者の大先輩です。

■ 会社ができるまで

—— 五十嵐社長、本日は宜しくお願い致します。早速ですが、会社を立ち上げたストーリーからお伺いします。

五十嵐 —— 私は、1992年に新卒で全日空商事に入社して配属されたのが食品事業部というところでした。26年間、異動はありませんでした。仕事の内容は、生鮮の果物や野菜の輸入でしたが、扱う商品はドライフルーツ、ナッツに変わっていきました。

—— そこでナッツたちとの出会いが…（笑）。

五十嵐 —— はい、加工食品事業部の中でドライフルーツやナッツを扱っていて、上海に3年ほど駐在も経験しました。あとアメリカ・カリフォルニアに全日空商事の自社農園「ANAファーム」を造る大きなプロジェクトを先導しました。東京ドーム30個分ぐらいの自社農園で、プルーンとクルミを栽培しています。その後、サダハル・アオキさんというパリの有名なパティスリーの関連事業の営業部長を兼務したりなど…。

—— もう、完全に食品業界を知り尽くしておられますね（笑）。

五十嵐 —— えぇ。それで、会社の仕事には不満がなかったのですが、当時、航空事業が絶好調だったもので、リスクの多い食品事業は中心ではありませんでした。そして一部、主要の商材を止めるというタイミングで「米国駐在で航空事業部に異動せよ」と通達があったので、退職を決意しました。

—— なるほど。でも、なぜナッツのビジネスに注目したのですか？

五十嵐 —— まぁ、なんといっても20年お付き合いのあるお客様がナッツ、ドライフルーツのメーカーですからね。ピスタチオのサプライヤー（供給元）である会社も応援してくださったので、2018年5月に会社を設立することにしました。直属の後輩1人が一緒についてきてくれて、若手も加わり3人で始めました。

―― そうなのですね。サプライヤーは、大体アメリカでしょうか?

五十嵐 ―― いえ、世界中から輸入しています。メインはアメリカ(ピスタチオ、アーモンド、クルミ)、ベトナム(カシューナッツ)、オーストラリア(マカダミアナッツ)ですかね。例えば、ピスタチオだとカリフォルニア州にある「キーナンファーム(Keenan Farms)」。マカダミアナッツだと「マルキスマーケティング(Marquis Marketing)」、カシューナッツは「ホアンソン(Hoangson)」が主要のサプライヤーですね。

■ 商社しか知らないピスタチオを輸入する際の事情
―― さて御社は、ほぼすべてのナッツを取り扱っていますが、特にピスタチオとカシューナッツを強化して輸入量を増やしている点が、大変ユニークだと思いました。なぜ、この2つにフォーカスしたのですか?

五十嵐 ―― はい。もともと商社としてナッツの違反例が多いのは、ピスタチオとアーモンドなんですよ。だから、難しいからこそ勝機があると思って。

―― それって、もしかしてアフラトキシンのせいですか? 読者の方がわかるように、アフラトキシンを説明していただけると嬉しいです。

五十嵐 ―― アフラトキシンとは"土壌や空気中にいる菌が出す毒素のこと"です。アスペルギルス属などのカビ菌が世界中(日本にも一部で存在)にあって、そのカビ菌がピスタチオなどの実の中に入り、そのカビ菌が出す毒素が「アフラトキシン」と言われる物質です。で、それが一般的に「発がん性物質」であると言われていて、日本では非常に厳しい輸入の規制があります。日本、10ppb以下でないと輸入できないのです。だから、厳しすぎて日本には売りたくないという生産者も多いのは事実ですね(笑)。

―― でもそれって日本国民としては安全で嬉しいですけどね。

五十嵐 ―― 国際基準の観点でも厳しすぎると思いますよ、日本は。

── なるほど。日本でナッツの輸入量が伸びない1つの理由にもなりそうです。アフラトキシン検査をするのは、アーモンドとピスタチオだけですか？

五十嵐 ── 基本的にはナッツと呼ばれる木の実は、ほぼやります。ただ、違反事例が少なくなると、免除されていくんですよ。なので、例えばカシューナッツ、マカダミアナッツ、クルミは免除されているので、ほとんどすることがありませんね。

── それは、**検出がされづらいからなのか、ナッツのもつ特徴なのか、どちらでしょう？**

五十嵐 ── ナッツの特徴ですね。硬い殻に包まれてるナッツは比較的、菌が入りづらいし、繁殖もしづらい。だから、クルミも出づらいですよね。ピスタチオの場合、口が開いているので。虫が介在するなどのリスクが高いのです。アフラトキシンが出やすい特徴は、「殻にシミがある」「変形をしている」などが挙げられます。それを、きちんと選別して防いでます。

── なるほど、わかりやすいです！

■ 皆が食べやすいピスタチオの殻の口の開け方！
── 殻つきピスタチオの開け方、アカデミーの公式テキストでも説明していますが、あのピスタチオの殻の開き具合は、結構クレームになったりしませんか？　というのも、「あれ、全く開いてないじゃん」…みたいなことがあるので（笑）割れ目の調整って、商社側からサプライヤーに指示するのでしょうか？

五十嵐 ── 割れ目の調整自体はできませんので、ガラガラと回っているピッカーに引っかかったものがラインに流れてきて、十分に割れ目が出ているものを選別します。日本向けに関してはかなり厳しい選別をしてますね。クローズマウス（シャットマウス）という、殻が割れてないものとか割れが狭いものは大体除去されます。だから、規制の緩い海外で売られているピスタチオは、開き具合が悪くて食べづらいです（笑）。

―― 選別するのは大変そうですね。手で割りやすいあの"絶妙なピスタチオの隙間"は、どうやって調整しているのですか?

五十嵐―― そもそもアメリカでは、未熟ないし過熟なピスタチオも短い期間で収穫して、どんどん外皮むきして乾燥のサイロに入れていく作業が最優先されます。そして、その後にまずピンピッカーでクローズマウスを除去し、機械選別、手選別によるグレード分けを経て、最後にサイズ分けをします。原則、アメリカで定められた品質基準によって規格分けをしますが、日本は特別な規格を各メーカーと取り決めしている場合もあります。

――"ニードルピッカー(ピンピッカー)"という機械を使って、殻の閉まったものを除去していますが、どんな機械ですか?

五十嵐―― ピンピッカーとは、大きな回転式のドラムに細かい爪(針)がついた機械です。(写真参照)そのドラムの中で、ピスタチオがぐるぐる回って、針に殻が割れているものだけが引っかかって、取れるという仕組みです。ドラムを回す速さとか、ピンの大きさとか、適度な割れ具合になるように、各サプライヤーが工夫しています。また、選別の頻度と厳しさによって、調整していますね。だから、アメリカのピスタチオでも、企業によって全く品質が異なるわけです。

―― なるほど! 有難うございました。

ニードルピッカー(外観)

ニードルピッカー(内部)

■ ナッツにおける "生" の解釈について

――ところで、「生」のナッツと聞くと刺身のようなナマモノの "生" と勘違いされる方が多いと思うのですが、生ナッツの認識は、どう解釈すればよいですか?

五十嵐――アーモンドは薄い実があり、その中の種子の中の仁を食べています。つまり、アーモンドという果実を割った後、外殻があり、さらにその中に入った種子を乾燥させます。収穫されて水分値が6%ぐらいのアーモンドを食べると、ちょっと湿気った感じがします。殺菌工程のためにスチームをかけて、ステラライズ（sterilize）して、日本には輸入されることもありますが、日本で卸先が焙煎することを前提にしているので、未殺菌で輸入することが多いです。この状態を私たち商社はよく "生" と呼んでいます。

――ピスタチオの輸入も焙煎をする前提で、生のまま輸入していますか?

五十嵐――はい、そうですね。ナッツに対する燻蒸と殺菌は、それぞれニュアンスが異なります。燻蒸（fumigation）の目的は「殺虫」なんですよね。そして、ステラライズ（熱を加えて菌を殺す工程）の目的は「殺菌」なわけです。ピスタチオについては、燻蒸はしますが、殺菌をして輸入していないことになります。ちなみに燻蒸工程は、基本的にすべてのナッツに行っていますよ。一部、オーガニック栽培のものは定かではありませんが…。

――農家さんがナッツを農場で一次乾燥をするときもあると思いますが、それは、"乾燥" には含まれないのですか? 「生ナッツ」って表現がとても紛らわしいと思うのですが…。

五十嵐――それは、難しいですね。乾燥した状態でも「生」という表現も間違ってはいないのですよね。アーモンドって、ただ単に乾燥した状態は、生鮮品の扱いなんです。例えば、クルミとかアーモンドを未熟のまま殻を割って、中のクリーミーな実を取って料理に使う文化が欧州ではあります。それは、本当の "生" なナッツを食していることになります。つまり、ごくまれにフルーツのような扱い方をする。ナッツとはフルーツの種子の中にある仁を食べているので、乾燥していても、それは生の実（種実類）と認識されます。その生のナッツに

ロースト（焙煎）をすれば加工品になるという位置づけです。

—— なるほど、難しい…。これは、日本語の限界を感じます（笑）。

五十嵐 —— うん、難しい。日本では、生でナッツを食べないから余計に日本人には考えづらい発想でしょうね。昔、ナッツは収穫されてから、乾燥しないで"天日干し"をしてました。

—— では結論、農家さんサイドで一次乾燥したようなナッツは、"熱を加えたこと"には値しないということですよね？

五十嵐 —— そうですね。そもそも水分値が高い作物や、雨で濡れてしまったときは農家側で乾燥しますが、基本的には収穫されたナッツは、そのまま工場に運ばれます。アーモンドなどは、ほぼカラッカラッに乾いた状態で工場にきますね。

■ ピスタチオの収穫や乾燥について

—— 乾燥工程は、ピスタチオも同じでしょうか？

五十嵐 —— アーモンドなどは今も天日乾燥をしておりますが、ピスタチオはカリフォルニアでは天日乾燥はしていません。保存効率を上げるために機械での乾燥をします。というのも、ピスタチオは、収穫直後は放置すると外皮の発酵が進みシミの原因となり、実自体が腐るリスクが高まるので、ピスタチオに関しては、外皮剥きして一気に熱風乾燥しますね。

—— その乾燥工程は、農家さんサイドでやりますか？

五十嵐 —— 大きな農家であれば自分で乾燥するサイロを持っていたりしますが、ほぼ工場でやりますね。

—— これだけナッツビジネスのキャリアが長い五十嵐社長なので、ピスタチオの品質管理については、自信があるように思います。

五十嵐——はい（笑）。特に日本の非常に厳しい品質基準をクリアできるところは、すごく限られていますしね。キーナン社だけで、日本国内のシェアも6～7割はあると思いますよ。

——すごい！ ちなみにカシューナッツの収穫についてはどうですか？

五十嵐——カシューナッツは、大きなプランテーションは少ないんですよね。なので、実ったものを集めてきて、天日乾燥します。で、天日乾燥された状態の硬い殻に入ったカシューナッツをブローカーが小さい農家を何百軒も回ってかき集めてくるという収穫方法なのです。「採取」に近いね。

——農業の「集荷」の役割を担っているわけですね。有難うございました。

■ ピスタチオの輸入量と市場について

——現在のピスタチオの輸入量は、ざっくりどのぐらいありますか？

五十嵐——2021年実績で、日本全体の輸入量でピスタチオが、おおよそ3,407tくらい。で、そのうちの1,063tがむき身、2,344tが殻つきという感じです。弊社は、そのうちの約650tぐらいの取り扱い量です。コンテナでいうとざっと40コンテナというところでしょうか。

——ちなみに、アメリカの場合、ピスタチオの収穫時期は、いつ頃でしょうか？

五十嵐——8月後半～9月です。カリフォルニア南部が中心なので、収穫をその時期に集中させていますね。

——ピスタチオの市場シェアって、どんな構図なのですか？

五十嵐——じつは、ピスタチオにはガリバーが1社いて、そこが6割シェア持っています。パラマウント社っていう企業で、パラマウント社が出す価格動向などによってピスタチオの値段が決まるという状況があります。

——6割って…スゴい（;^_^A　では、その数字を見て、輸入する回数などを決めるわけですか？

五十嵐——はい。ピスタチオは酸化・劣化がしにくい商品ですので、収穫されて日本に向けて出荷されるのは、大体10月ぐらいです。あと年末年始、ゴールデンウィーク、春の時期が一番の需要期です。そのタイミングに合わせて早積みして、どんどん輸入します。

——夏場に需要が落ちることを見越して、早めに輸入するということですか？

五十嵐——というよりも、夏の日本は暑すぎるので…。コンテナ庫内の温度も50度を超えてしまうし、質に影響することを懸念しています。なので、そこを避けて大体5〜6月ぐらいまでに出荷することが多いですね。で、到着後は冷蔵保管（約5〜10℃）です。

——なるほど。ナッツの敵は湿気だと思いますが、ピスタチオの保管も冷蔵庫が望ましいですか？

五十嵐——生の状態でバルク輸入した際は、そうですね。空気透過性が高い包材で輸入してきていますので、冷蔵がベター。ただ、製品としてバリア性の高い包材や脱酸素材を入れればある程度は日持ちします。コンテナのロットはドライで来ます。つまり、日本の倉庫の段階から冷蔵庫に入れているイメージです。

——なるほど、有難うございました！

■ カシューナッツの市況や“あるある”話
——さて、カシューナッツは、御社ではどのぐらい取り扱っていますか？

五十嵐——カシューナッツは約16,700t が日本に輸入されていて、そのうちの1,200t ぐらいですから75コンテナくらいかな。16,700t の内訳としては、9,000t くらいはベトナム産ですね（2021年度実績）。

―― ベトナムでのカシューナッツの収穫時期は、いつくらいですか?

五十嵐――― カシューは、4〜6月ぐらいですね。ベトナムのカシューは、もちろんベトナム産がメインですが、周辺のカンボジアなどで栽培されているものも多いですよね。実はカシューナッツは世界中で生産されていますが、主要加工地がインド、ベトナムなどです。例えば、ベトナム産の半分ぐらいはアフリカの原料だったりもします。

―― えっ、そうなんですか!?

五十嵐――― はい(笑)。例えばタンザニアとかアイボリーコーストとか。それらのカシューナッツ原料をベトナムが輸入をして、加工してパッキングしているからベトナム産となって全世界に流通しています。

―― インドも生産国としては有名ですよね。

五十嵐――― じつは、インドも近いものがあります。インドもアフリカから原料を買っていたりします。インド国内のカシューナッツは確かに美味しいですが、インド人も自国で食べるようになってきました。上質なナッツは日本に輸出されています。ただインドは、コロナ禍でロックダウンになってから国際的な流通量が減ったと思いますね。一方で、ベトナム産の品質が非常に改善しています。カンボジアのカシューナッツを直接輸入してる企業も一部ありますが、ほとんどベトナム経由で来てますよね。ミャンマーとかラオスでもカシューナッツは栽培していますが、価格が意外と高いのです。やっぱり取扱量が多いためベトナム経由ですと、コスト的なメリットがありますね。

―― ってことは、ベトナムは、そういった市況を見越したのでしょうか?"世界中から原料を集めてきて輸出する"というビジネスモデルで、ベトナム自国が成長した経緯が見え隠れしそうです。

五十嵐――― はい、端から見たら栽培国はわからないですからね。貿易上はベトナム産なので(笑)。ただ、ベトナムの人たちはきちんと分けています。商社で取

引する人しか裏事情は知らないです。

—— 実際、五十嵐社長が食べてみて、ベトナムとアフリカのカシューナッツの味わいは異なりますか？

五十嵐 —— 違います。品質でいうと、やっぱりベトナム産、カンボジア産のほうが鮮度がよい気がします。品質調整がしやすいのだと思います。ただ、農産物なので一概には言えないですよね…。

—— そうですよね。そうそう、御社の薄皮つきカシューナッツ製品に話を移したいのですが、本当に美味しくてファンです！ 渋みもあり、クリスピー感も適度。あの、カシューナッツの薄皮を残すという製造工程は、何だか難しそうな気がするのですが…秘密を教えていただけますか？

五十嵐 —— あれは、"薪で直火焼きする"工程がポイントですね。カシューナッツの外殻ってものすごく硬いのですが、焼き切るくらいの勢いで熱をかけます。そうやって殻を取り除くと中にあの渋皮がついたカシューナッツが顔を出します。殻が取れたばかりのカシューナッツは、薄皮がしっかりとくっついています。それを、塩漬けをして、短時間で高温にて火を入れて焼き上げると、私たちの商品のような状態になります。皆さんがよく食べている一般の白色（クリーム色）のカシューナッツは、殻剥き後にさらに熱をかけて薄皮をむいた状態なのです。

—— カシューナッツを原料でもってきて、日本でパッキングしているのですか？

五十嵐 —— いえ、日本で袋詰めをしようとなると、皮がベロベロと剥けちゃうので、焙煎もベトナムで行っています。新鮮なものを焼いて、そのままパックしてます。

—— だからですか！ 美味しいわけですよね…。おいしさを損なわない秘訣は現地パックということですね。私は、あの苦味がクセになっていて、愛用していますよ。

五十嵐 —— 有難うございます！ 全国の成城石井で絶賛発売中でございます（笑）。

大人気の薄皮つきカシューナッツ

■ ドライフルーツやナッツの未来

—— 最後に、五十嵐社長には「今後のドライフルーツ＆ナッツの世界をどうしていきたいか」をお尋ねしたいと思います。

五十嵐 —— まずドライフルーツやナッツの世界市場（末端市場規模）は約10兆円程度あります。でも、日本は約2,000億円程度…たった2%ということになります。日本は経済的に豊かな国ですが、ドライフルーツやナッツの消費量は、まだまだ少ないと思いませんか。欧米では1人当たり、月間で8,000円ぐらい食べていて、欧州では5,000〜6,000円程度、そして日本人は1,600円と言われています。

—— その消費背景は、何が要因にあると思いますか？

五十嵐 —— やはり、食のバラエティーが足りないのではないかと思います。日本では、ようやく間食としてナッツを食べる文化が定着してきました。チョコレートやケーキでも使用されています。ただ、使用頻度は他国と比べて少ない。海外では、サラダには当然のように出てくるし、ピザにも乗っているときすらある。料理の幅が広いのです。例えば、アーモンドバターのようなペースト状のものが食卓に常に置かれているのです。つまり、ナッツ業界全体として啓蒙の必要があると思っていて、そのためにこの書籍に賛同した経緯があります。

―― 有難うございます。私もドライフルーツとナッツの普及活動を続けていますが、もっと、毎日の食事の中で、使ってもらえればよいのになぁと思います。だから、本書では当初の編成を変更して、料理人の皆さんとコラボをしてレシピも盛り込んでいます。

五十嵐 ―― 素敵な試みだと思います。私たちの業界全体では、お互いの企業が足並みを揃えて大きなムーヴメントをつくることは難しいと思っています。だから、単独の第3者目線で、啓蒙ができる立場であるドライフルーツ&ナッツアカデミーという団体が、発信の役割を担っていただけると大変ありがたく思います。「何となく健康に良さそう」とかではなくて、応用的な知識や魅力をもっと伝えていただけると嬉しいです。

―― その予定です。ちなみに、商社サイドから見ると、どういう発信がユニークだと思われますか？

五十嵐 ―― やはり、御社のエキスパート検定で扱っていらっしゃる歴史的背景や加工方法とかは面白いですよね。作り手サイドのことって一般の方は、なかなか情報が入りづらいですからね。ジャンルを超えた料理レシピなども提供していくと、ナッツとドライフルーツのマーケット全体が広がっていく可能性につながるのではないかと。

―― 有難うございます！ 是非、参考にさせてください。では、ピスタチオの輸入者のパイオニアである御社の今後の目標や、ドライフルーツとナッツの未来に向けた想いを教えてください。

五十嵐 ―― ピスタチオに関しては、まず、むき身（殻なし）のマーケットが伸びる要素があるだろうと思っています。むき身なら、そのまま食べられるし、手も汚れない。オフィスでもゴミが出ないですので、ここの商品開発は強めていきたいです。また、カシューナッツは、「深煎り」などを含めた煎り方のバリエーションを増やすなど、コアなお客様を掴めるようにしていきたいです。まだ日本では、素焼きのナッツやミックスナッツで食べる人が大半を占めると思いますが、例えば、チーズなど他の食材を入れるなど、他の食品との連携を深めたいです。

――なるほど。私もじつはピスタチオがナッツの中でも最も好きで"日本人がピスタチオを毎日のデリフードみたいに購入する世界をつくる"という目標を掲げています。この世界を目指すには、御社の力が必要だと思います！ では最後に、エシカル視点で読者の皆さんに伝え忘れたことはありますか？

五十嵐――農業の現場によく行くのですが、カリフォルニアの農業とアジアの農業だと労働環境が雲泥の差という印象はあります。ナッツも農産物なので、おいしさをつくるのは農家次第なんですよ。だから、やっぱりグローワー（栽培者）の収益も上げていけるようにビジネスを成長させていきたいと思っています。

――とても素敵な志ですね！ 今日は、お忙しい中、どうも有難うございました。

■ 取材協力 ■

株式会社リンク・リソース
東京都港区芝浦 2-14-6 COAST 芝浦 4F

上野アメ横の老舗！
ナッツとドライフルーツの専門店

小島 靖久 | 株式会社小島屋 専務取締役

観光客でも賑わう上野アメヤ横丁にズラリと並ぶナッツやドライフルーツ。小島屋本店の商品バラエティの多さには驚かされる人も多いのではないでしょうか。店頭・ネット通販でナッツとドライフルーツ市場を牽引してこられたのが小島専務です。そんなナッツ・ドライフルーツの小売業界のパイオニアは、どんなエピソードをお持ちでしょうか？ この度、小島専務と対談させて頂きました。

── 2020年10月、日経新聞のドライフルーツのランキングを選ぶ専門家として、私たちは同じ誌面に掲載されました。共通の知人を通じてご縁ができて、大変嬉しく思っております。改めて、小島屋の歴史・設立経緯などを教えていただけますでしょうか。

小島── はい。設立経緯は戦後の闇市がスタートです。戦後、私の祖父が生活のために甘納豆屋をここアメヤ横丁（以下、「アメ横」）で始めました。東北新幹線とか千葉の玄関口の上野は千葉県や東北ルートに強い特徴があるんです。それで、スルメなどの海産珍味や、千葉の落花生などを販売していました。

── 珍味と落花生。「乾物」と言われるジャンルですね。

小島── そうです。それに加えて、アメ横はアメリカの食材が広まるのも早くて、プルーン、レーズン、アーモンドあたりを弊社も早い段階で販売するようになりました。

── なるほど。それって戦後何年ぐらいですか？

小島── 西暦で言うと1960年代じゃないですか。お店は1950年代から始めて、私が3代目になります。

── 当時、「これはブーム来そうだな」的な製品は何かありましたか？

小島── フィリピン産のドライマンゴーですかね。柔らかくて、甘酸っぱいフルーツ菓子として、食べやすいドライフルーツが存在感を示しました。ここで認知度が徐々に増えていった気がします。

── なるほど。ドライフルーツやナッツがメイン商材になった、きっかけは何でしょう？

小島── 店頭に立ち、「お客さんが徐々に珍味離れをしてきたなぁ」と感じることが増えてきました。ただ、海産珍味は、漁港の近くのほうが専門店に近いと思うのです。そちらに力を入れるよりは、弊社の取引ルートの幅広さや取扱期間の長さも強みになってくるドライフルーツとナッツに「選択と集中」をさせようとい

う社内決議になりました。それが、1990年代ですね。

── そのときから、小島さんは現場で働かれていましたか？

小島 ── いや、アルバイトで手伝っていました。父親と夜に相談しながら、「どうしていく？」「そろそろ珍味の時代じゃないんじゃない？」みたいな（笑）。

── なるほど、小島さんは物心ついた時からナッツに触れてますね。お家柄といいますか（笑）。その頃からご自身はドライフルーツやナッツを食べていましたか？

小島 ── そうですね。プルーンやレーズンって印象が薄かったですが、ドライマンゴーを食べた時は美味しさに驚きました。ナッツならば、ピスタチオですかね。あれは衝撃でした。お腹が減ると、アルバイトで袋詰めをしていたので「ちょっと頂戴」って、親から分けてもらって（笑）。

── まさに、モデルさんのようなヘルシーな間食をしてますね（笑）。大人になっても食べることは習慣化しましたか？

小島 ── 習慣化とまではいかなかったのですが、今でもおつまみの際にナッツを選ぶクセはついてます。高校生の時はダイエットとか、健康を気にせずにナッツを食べていたわけですが、社会人になり仲間とお酒を飲むようになった時「お菓子だけでなくて隣のナッツも買わない？」みたいな進言をしている私がいました。

── なるほど。小島さんは、8年くらい他の企業で働かれてから、家業を継がれたと伺いましたが、戻ってきた年齢はおいくつの頃ですか？

小島 ── 30歳です。元々、継ぐ予定はなく就職しました。会社の派閥争いなど、連日の深夜残業に嫌気がさしてきた時、父から仕事の相談をされることが増えたのがきっかけかもしれません。あと、「自分で考えたものを仕事にできる」ということが楽しいだろうなとも思い始めて、実家を継ぎました。この時は、「ナッツとドライフルーツに愛があるか？」って言われたら、井上さんみたいにはなかっ

たです（笑）。

──まあ、20代だったらそうですよね…。最初のお仕事は、店頭スタッフですか？

小島──そうです。最初は店頭で、当時からインターネット通販（以下、EC販売）を視野に入れていました。それが、2004年です。当時は、全然売れなかったですけど、EC販売のほうが断然に読んでくれるんですよ、食材の効能や説明を。

──あぁ！ だからお店では値段と商品名くらいしか、説明があまり書いてないんですか？

小島──そう。店頭のお客さんって興味のないものには、話しかけてもスルーですし、説明文もスルーなんです。名称すら覚えてないことも多い。なので、基本お客さんの様子をうかがいつつの口頭での説明なんです。

圧倒されるナッツの品数！

1kg単位でも販売中！

──面白い。最初、EC販売が軌道に乗らなかった理由って、何だと思いますか？

小島──市場のパイの大きさだと思いますよ。ただ、サイトをオープンして初月で月商100万は達成しました。そしたら、周りからは「いや、それ売れているじゃん！」ってツッコミはありました（笑）。

──へぇ～！それは、すごい。これは、ドライフルーツとナッツを食べる人口の母数が増えてきたからでしょうか。

小島——　あとは、「検索する」って手段としてインターネットが主流になったし、その癖がついたのが大きいと思います。

——　当時、最も売れた商品はなんですか？　2004 年、2005 年あたりです。

小島——　当時、一番売れたのはドライマンゴーですね。ドライマンゴー全盛期は、2010 年くらいまでは続きました。1kg パックのドライマンゴーが飛ぶように売れていきました。

——　店頭と EC での売れ行きの違いみたいなことはありましたか？

小島——　EC はやはり抱き合わせで買ってくれます。店頭だと、興味があっても持って帰るのが重たいから手が伸びづらいです。ただ、通販の場合は配送料がどうせかかるし、持ち帰る重さの負担も気にならないから、「気になる商品はちょっと試してみよう」って心理が生まれているようです。おそらく、お客様の中で予算があって、その範囲内で「ついで買い」が起きるのがネットの世界です。

——　へー！　おもしろいですね。生活者心理が変わるのでしょうね。

小島——　はい。当時は、楽天ショップで売上の 8 割を占めていましたけれど、風向きが変わったのは、ネット通販各社が軒並みに "単品でも送料無料" のキャンペーンし始めた頃です。これが、逆に販売する側には大変で…。1 個だけ買っても、送料無料なので「食べる分だけ買えばいいや」という話になった。今は、自社でも EC 通販をしていますから、楽天、Amazon、本店でほぼ均等に販売しています。

——　ドライフルーツ＆ナッツアカデミーの受講者には、今後、独立（起業）をしたくて、資格を取得される方もいるのでお伺いしたいのですが、EC で商品を販売していく上で、戦略的なポイントとかありますか？

小島——　そうですね。例えば、Amazon では "検索ボリュームが大きい商品" が

よく売れる傾向にあります。弊社でも、くるみ、アーモンド、白いちじくのようなメジャーな商品がよく出ていますね。一方で楽天では、いわゆるネットの中に自社ショップを開いているイメージです。そのため、新規のお客様の獲得や認知度向上、リピーター確保につながるコミュニケーションの場になると考えています。

—— なるほど。Amazon は、「欲しい！」と探す人に向けられていて、そこに紐づいてるから、楽天のほうが逆にコミュニケーションがしやすいってことですか？

小島—— そうですね。Amazon の場合は"商品"として認識されますが、楽天では1つの"店"として認識されやすいので、いろんな商品を見てくれます。

——「EC では、これが売れている！」みたいな商品はありますか？ EC 上での売れ行きの TOP3 をお伺いしたいです。

小島—— EC だと、第1位は「素焼きミックスナッツ」ですかね。2位が「素焼きアーモンド」で、3位は、おそらく「塩味ミックスナッツ」ですね。ドライフルーツよりナッツが売れています。ドライフルーツだと1位、「ドライ白いちじく」。2位が、「ドライアプリコット（漂白剤あり／なし合わせて）」。弊社は、アメリカ産のドライアプリコットを置いていまして、いろんな種類の取り扱いをしていますからね。

—— ドライあんずなんですか！ かなり意外です。ドライフルーツの3位はどうでしょう？

小島—— カンボジア産のマンゴーだと思います。個数というより、売上ベースですが、反響がよくて売れている。砂糖不使用で、二酸化硫黄のないドライマンゴーは珍しいですからね。

—— 興味深いデータですね！では、売れ行きランキング（個数 ver）ですと、ドライフルーツの1位は、同じくドライいちじくですか？

小島——はい、1位は不動で「ドライ白いちじく」。2位は、やはり「マンゴー」。3位、「無添加プルーン」だと思いますね。3〜5位が流動的で、井上さんの大好きなデーツは、4〜5位くらいには入ってくると思います（笑）。

——ドライ白いちじくの販売力の強さがうかがえますね。店頭とECでの売れ行きの差は特にないと聞きましたが、なぜだと思いますか？　店頭でも、そんなにドライ白いちじくが売れているのは肌感覚でわかるものでしょうか？

小島——やはり、食べるシーンが増えてきたこと、特に消費者があの味に慣れてきたことを強く感じますね。イラン産のドライ白いちじくは香りが少なく、酸味やコクがそこまで感じづらいから、逆に食べやすいのですが、トルコ産のドライ白いちじくは結構、独特の匂いがしますよね。それが、苦手だというお客様が一部いました。だから、買う前に商品説明をしてたのですが…2010年くらいから、そのような感想を聞くことがパッタリなくなりました。なので、当初は「店頭では売れるけど、ECではそこまでだな…」という商品が、ECでの買い物が普及したことで売れ行きが一気に伸びて、さらに商品自体も一般化しました。そして、店頭でも相乗効果があったイメージですね。

——小島さんが売り始めたのが2000年ぐらいだから、10年でドライ白いちじくの美味しさは認知されたということになる…。

小島——そうですね。あと、ドライ白いちじくの効能が女性に刺さっているから、店でも薦めていました。で、この流れを踏んでるのがデーツだと思います。"ポストドライ白いちじく"は、デーツ。

——お、ようやくですか…（笑）。私が2012年、この業界に入るときの会社面接で「私はデーツを日本中に広めていきたいんです！」ってプレゼンしたのですが…当時は、この愛は、日本人にあまり響いてなかった。たぶん、今からなんでしょうね（汗）。

小島——ですね（笑）。

濃厚な味わいが特徴のイスラエル産デーツ

―― お客さんの年齢層としては、何歳くらいの方が店に来られている印象ですか?

小島―― 20年前は、やはり40〜60代で、年輩層ですよね。でも、それがナッツ
　とドライフルーツの需要が少しずつ若くなっている感じが見受けられます。30
　〜50代とか、少なくとも10歳は顧客層の範囲が若返っている。ただ、10年く
　らいは動きがないです。20代が買うには、やはりナッツやドライフルーツは高
　価ですから。20代で買いに来る人は、「本当に好きなんです」という目をしてま
　す。最初から「マルベリーはどこですか?」みたいな（笑）。

―― なるほど、それはマニアックな人だ（笑）。10代、60代に関してはどうですか?

小島―― 10代は、地方の親御さんに頼まれてお土産買いに来ています。で、価格
　にびっくりしていますね（笑）。60代は客足が減ったというより、60代のお客様
　が目立たなくなったという表現が正しいかも。

―― お客様の男女比率は、どうでしょうか?

小島―― 昔より圧倒的に女性が増えましたね。アメ横という土地柄もあったとは
　思いますが、1990年代は、男女比で7：3くらいだったと思いますが、今では男
　女比が4：6ほどです。たぶん、昔は男性がつまみとしてナッツを買っていたけ
　れど、今は女性が「自分のためのおやつ＋旦那さんのナッツのつまみ」のような

需要になっています。

―― それって、ドライフルーツとナッツがもたらす健康効果が女性からも見直されて、役割が変わった証拠じゃないですかね？

小島―― はい、そう思いますよ。

―― 砂糖や食品添加物不使用なナッツやドライフルーツを意識して食べる人、間違いなく増えたと感じます。これは、私が商社にいた時代と明らかに違う。だから、ドライフルーツ＆ナッツアカデミーも理念が浸透しやすくなりました。小島屋さんも、その点は感じたことありますか？

小島―― すごい感じますよ。実際に、"無添加"系の商品は売上が実際に伸びています。本当に健康なモノを日本人が求めてるってことじゃないですかね。余談ですが、スタッフによく聞かれる質問、なんだと思います？
「クルミは生で食べられますか？」なんです（笑）。

―― へぇ…！ それってどういう主旨なんでしょうか？

小島―― 昔は、というより本来、クルミは生で食べるものですよね？ そして、ここ10年で素焼きのナッツが健康志向の流れで一気にメインストリームになりました。そして、弊社では生クルミと素焼きクルミを両方とも販売しているから「生で食べられますか？」と質問されるのです。つまり、その人たちは、くるみを生で食べたことがなかった世代＝ここ10年の客層なのですよね。

―― 素焼きって書いてるから「アレ？」って思ってるのかもしれませんね（笑）。くるみって、焼かなきゃダメなのかな、みたいな。

小島―― それも、あります。弊社が素焼きを出した理由は、ノンオイルの素焼きアーモンドと、素焼きのカシューナッツに人気が出てきたからです。「それならば食べやすいように素焼きクルミを作ったら良いかな」と思ったのです。そしたら、やはり売れたのだけど、「生で食べられる？」という質問が生まれたのは、

面白かったです（笑）。

—— なるほど！ 小島さんには“食品添加物なし”“砂糖なし”のナッツやドライフルーツに対して、意見があると前にお伺いしましたが…？

小島—— はい。「無添加＝健康食品」という概念が強くなってしまうことが残念に思います。例えば、アーモンドが美肌とかダイエットに良いとされていますよね。でも例えば、「美肌効果とダイエット効果にアボカドがいいらしい！」と聞いた瞬間、皆さんは、アボカドに目が向いてしまうのですよね。でも、そうじゃなくて「アーモンドは味が美味しいから、このまま食べ続けたい」とか、味わいの部分も、もう少し評価をしてほしいのです。

—— 「味が美味しい」という前提の上に、効能やメリットの理由がきてほしいってことですよね。

小島—— あとは、無添加ドライフルーツに関しては、一時は日本の１次生産者の方々が、ブーム的に製造する人が増えましたよね。だけど、ただ干せば良いわけではないし、正直、美味しくない製品も多いと感じました。ちゃんと研究していただきたいなと。傷があった国産の果物をドライフルーツに加工することは賛成なのだけれど…適当につくる会社も多いです。

—— なるほど…。そういう点では、６次産業の支援も継続して、きちんと専門家としても指導をしていき、美味しい国産のドライフルーツを普及していければなと思います。ちなみに、御社では国産のドライフルーツは取り扱っていますか？

小島—— はい。でも入荷が少ないですよ。製造量（ロット）があまりにも少ない。美味しい品が見つかっても、商売になる量ではなかったりするんですよね。

—— 商売ベースだと、最低量はどのくらいですか？

小島—— やっぱり最低でも100kg、200kgは年間で欲しいです。梨とか、リンゴとか、まだ美味しい製品には出会っていない。

—— そうですか。その点で、独自の開発でドライフルーツを製造したいと思ったことはありますか？

小島 —— はい、興味はあります…。ただ、商社として海外から仕入れようとは思わないです。実際にお声がけはいただいたことありましたが、数十 t 規模の商売になりますからね。また、カビが出たときのリスクとか、物流の勉強やインボイスとか…大変そうだなと思います。商社の存在はありがたいと思います。

—— そうですよね。商売上でのリスクは、多少ありますからね。だから、ドライフルーツ＆ナッツアカデミーでも、アドバンス講座では貿易実務の基礎も教えているんです。小島屋さんでは、モノを選ぶ基準ってどうですか？ バイング（購入）基準を伺いたいです。

小島 —— 基本的にはいろんなものを取り寄せます。商社から提案されたり、自分から探したりと。基準は味が美味しいこと、パートナーが信頼できること、未来が見える商品であること、チャレンジャブルであることでしょうか。あと、弊社では他社とコラボして、ナッツのブレンドなどを行っています。ナッツとドライフルーツを入れて企画しています。トレイルミックスをオリジナルで作るようなイメージですので、「面白いエッセンスにならないかな？」という視点もあります。

—— そのビジネス楽しそうですね。だって、商品はお店にいっぱいあるから、どういうバランスで組めば良いか考えるのが楽しそう（笑）！ ただ、国内のドライフルーツを入れての開発となると、もしかしたら、栽培から携わる必要がありそうですよね？

小島 —— そうなんですよね。例えば、ドライ伊予柑とドライいちごが同時に欲しかったとして、農家さんを探すところから始まりますが、産地によって得意な果物が異なるので、1か所で集めるの大変なんですよね。

—— しかも、ドライ化は機械や工場が限られてきて工賃とか考えると、国産ドライフルーツは、とにかく高くなっちゃうんですよね。ちなみに、ドライフルーツやナッツ業界において、小島屋さんは日本でどんな役割を担っていきたいですか？

小島 —— ドライフルーツとナッツに興味を持つ人を増やしたいし、また増やせる
ポジションにずっといられればよいなと思います。あとは、"大衆化される前の
新しい面白いもの"を見つけたいと思っています。例えば、"ロカボ"がよい例
でして、たしかに素敵なコンセプトだなあと思いましたが、これは他社もやって
くることが想定されました。だから、自分の店では、あまりこの言葉を使ってア
ピールすることはしませんでしたね。

—— 独自の路線や着眼点を大事にしたいということですね。今回、御社の EC 上で食品添
加物のない製品に限り、「推奨品」認定を弊社で行うことになりました。アカデミーの
活動に賛同していただけた、きっかけはありますか?

小島 —— やはり、栄養素の部分だけでなくて、味についても言及したい時、第 3
者の目線が欲しいことが 1 つです。あと、弊社はお酒のつまみで「ナッツが好
き!」というお客さんもいまして、とても大事にしています。ただ、そうなると
無添加にどんどん需要が寄っていく中で、僕たちが「無添加はすばらしい!」と
言っちゃうと、お酒のつまみで買っていただいているユーザーさんは、あまりい
い気はしないと思うんですよ。だから、この領域が得意な井上さんみたいな人に
素直に語ってもらいたいのです。ちなみに、弊社はじつは"濃い塩ナッツ"とい
う商品を作っていまして、塩分の濃いナッツが欲しい人向けに販売しています。

—— 世の中が"薄塩""減塩"方向だから、逆行してますね(笑)。

小島 —— はい。塩の含有量をあまり変えずに、粉塩で"舌につく塩の量を増やす"
ナッツです。塩味を感じやすくしました。でも、販売した時、「なんで、こんな
体に有害なもの今更出すんだ」ってクレームが店に 2〜3 件来たんです(笑)。
だから、私は「俺らは美味しい物を作ってるんで」と返答したのですが、両者は
認め合わないんだなと思いました。だけど、どっちも良さがあると伝えたい。だ
から、私たちからでなくて、せっかくならば無添加のパイオニアの方に代弁して
欲しいと思います。どっちも良さがあることを知った上で、「塩分を控えている
人は無添加を選ぶ」とか、「アーモンドは塩味つきが好きだけど、マンゴーは絶
対に砂糖・漂白剤なしが美味しいと思う」というような見解が生まれるきっかけ
になると考えます。

──「食の選択肢を大切にしよう」ということですよね…賛成です。小島屋さんは両方の
タイプを売っているわけだから、無添加については、専門家が解説したほうがわかりや
すいというイメージですよね。選んでいただき、光栄です（笑）。有難うございます！
最後に、ドライフルーツ＆ナッツアカデミーに対する期待などがあれば、お聞かせくだ
さい。

小島── まず無添加のドライフルーツの栄養素以外へのフォーカスと解説。例え
ば、デーツの品種によって味が違う楽しさとかを訴求してほしいです。やはり、
人は、食べ比べると楽しく感じると思うのです。「ソフトクリーム、あそこの牧
場が一番いいよ」みたいに盛り上がる（笑）。だから、そういう会話がドライフ
ルーツやナッツの中にも生まれたら嬉しいです。あとは、雰囲気で「なんとなく
オーガニックって健康そう」みたいな人に、より正しく、学んでいただきたいで
す。お客様から「無添加って無農薬ですか？」って質問があるのです…。深い知
識を持った人が増えれば、接客でもすごく助かります（笑）。

── なるほど（笑）。健康関連ワードの因数分解が必要かもしれませんね。承知しました。

小島── まだまだ可能性を感じているのがこの業界です。ナッツやドライフルー
ツ好きな人って、周りに同じ人が集まる気がしませんか？ これが牛丼だったら、
一般的すぎて同じようにはいかないと思います。ナッツの中でも「ピスタチオだ
けが好き」な人がいるとか、デーツ食べたことない人が、ワイン片手におうち
パーティーをしていて、友人がデーツを持ってきたきっかけからデーツの美味し
さにハマるとか。仲間を増やしていけるツールになったら嬉しいなと思います。

── コミュニティー創りということですよね！ぜひ、そのようなプロジェクトにも一緒
に参加できたらうれしいです。ぜひ、今後とも宜しくお願い致します。本日は、有難う
ございました！

■取材協力■
　ドライフルーツとナッツの専門店　上野アメ横　小島屋
（株式会社小島屋）
　東京都台東区上野 6-4-8

オイルとナッツの専門店を OPEN！
子育て期間に起業した受講者の声

大木 千代子 ｜ 『oil tasting bar　oil & beyond』　オーナー

—— それでは大木さん、自己紹介を宜しくお願い致します！

大木 —— oil tasting bar　oil & beyond オーナーの chiyo.co です。自分の子ども
が持つ食のアレルギーや自らの産後の体質の変化から、食べ物の質を考え始め、
2018 年、ドライフルーツ＆ナッツエキスパート検定を取得しました。2020 年 6
月、WEB SHOP を立ち上げ、2021 年 1 月「食べたもので私は作られる」をモッ
トーに、三島市に静岡県初のオイルテイスティングバーをオープンさせました。

―― ドライフルーツとナッツに興味をもったきっかけは何でしょう？

大木―― まず、自分自身がドライフルーツ、ナッツが好きでした（笑）。どちらかというとスーパーフードなど、体に優しい食べ物にもともと興味があり、健康や美容、そして子どものおやつとして食べさせる食品としてナッツやドライフルーツを選んでいました。その中で知識を深めたくて、勉強をしたいと思うようになりました。

―― なるほど。お子さんへのお菓子という視点があったのですね！

大木―― はい。子供がサッカーやチアリーディングをやっていて、間食や栄養補給をさせるなら、お菓子ではなく、体に良いものがいいなと思ったのです。手軽に栄養補給できるものとなると、自然にドライフルーツやナッツにたどり着いたのです。

―― ドライフルーツ＆ナッツアカデミーは、どのようにして知りましたか？

大木―― インターネットで見つけました。私が見たのは過去のホームページでしたが、設立をされた背景とかきっかけなどを知って、井上さんは、無添加に対しての強いこだわりのある方だなと思いました（笑）。「食品添加物不使用・砂糖不使用のドライフルーツとナッツしか薦めない」というポリシーにも共感をしたので、受講を決意しました。

―― エキスパート検定を取ろうと思った理由は、何だったのですか？

大木―― やはり、自分自身が「良質な脂肪酸やオイルをもっと普及させたい」という想いがあって、地元（静岡県三島市）に専門店を OPEN させる目標がありました。そこで、やはりお客様に接客をする上で、できるだけ正確で、専門的な知識を伝えたいと思い、2018 年、ドライフルーツ＆ナッツエキスパート検定を受講することに決めました。

―― 受講者の大木さんが、お店をオープンする目標を達成できて、素直に嬉しいです。

大木——新型コロナウイルス感染症の影響もあって、紆余曲折がありました。でも、2021年の1月に「oil & beyond」というオイルテイスティングバーをOPENさせることができました。良質な植物オイルやドライフルーツ、ナッツ、その他カラダに優しい食品を販売しています。弊社が取り扱っているドライフルーツとナッツは、すべて砂糖・食品添加物は一切使っていません。それもそのはずで、ドライフルーツ＆ナッツアカデミーさんから購入してますので（笑）。

店内では厳選されたナッツとオイルがズラリ

——いつも有難うございます（笑）。でも、オイルテイスティングバーって店のコンセプトが珍しいですよね。

大木——はい。約20種類の食べる植物オイルをティスティングして購入できる静岡県内初のオイルテイスティングバーは、専門店のような位置づけです。オイルソムリエである私と一緒に「お客様好みの1本を選ぶ」というコンセプトなのですけど、エキストラバージンオリーブオイル、アーモンドオイルやエゴマオイルもあります。植物オイルとドライフルーツやナッツの相性が抜群で、マリアージュを探すのも楽しいと思っています。

——オイルもワインみたいに買う前に試せると助かると思います。イートインスペースがあるので、お弁当にオイルとか、ナッツをかけて血糖値を下げるランチができそう（笑）。

店内はシックで落ち着きのある雰囲気

大木——はい！ 無添加のドリンクもセットで、気軽に利用していただけたら嬉しいですね（笑）。

——私生活でドライフルーツとナッツの取り入れ方は、変わりましたか？

大木——はい、もちろんです。自分や家族の間食やおやつでも常用していますし、料理にも意識して使うようになりました。またナッツは植物性の良質な油脂、不飽和脂肪酸が摂れるので、毎日欠かさず食べる習慣をつけています。やはり、朝食やおやつが多いですかね。

——講師としての活動は、どのような意識をしていますか？

大木——エキスパート検定を取得すると、ドライフルーツ＆ナッツマイスター検定を教えることができます。私は、静岡県の三島で店を構えている利点を生かして、今後は店の中でマイスター検定講座を開きたいと思っています。医療関係者、特にナースの方々や調理製菓学校の学生が来店することもあり、親和性が高いのではないかなと思っています。血糖値のコントロールにナッツが最適ですし、調理やお菓子にももっと使っていただきたいので、植物オイルと一緒に提案をしていきたいと思います。

——今後、検定講座を受講しようと考えている皆さんに一言お願いします。

今後は講師として活動も幅を広げる予定

大木—— 私は3人の子を持つ主婦ですが、念願だった植物オイルとナッツの専門店を OPEN することができました。大切な商品の選定は、やはり安心できる業者から買いたいという想いがありました。商社と直接つながっている井上さんは安心できます。また、砂糖や食品添加物を普段から口にしないという井上さんのライフスタイルは、商売だけではない探究心に説得力があります（笑）。ここまで長いお付き合いになるとは思いませんでしたが、個人事業主として迷ったときも気軽に相談ができるので、ありがたかったです。

　私としては、今後も無添加のドライフルーツやナッツを通じて、お客様の健康に寄り添っていきたいと思います。主婦ですが、大好きな食品を仕事にすることができました。何か新しいことを始めたいと思ったら、思い切ってチャレンジしてみてはいかがでしょうか？

Enjoy dry fruits！ Enjoy nuts！

——情熱的なメッセージ、感謝します！ 大木さん、本日はどうも有難うございました！

■ 取材協力 ■

oil & beyond
静岡県三島市中央町 3-12

ドライフルーツ＆ナッツアカデミー推奨品マークの第1弾「カンボジア産 薄皮つきカシューナッツ」

2021年8月、香川県からドライフルーツ＆ナッツアカデミーへ問い合わせがあった。就労継続支援B型として特定非営利活動法人「ほのぼのワークハウス」をボランティアで支援し、体に優しい食品を販売されている松本氏からの資格申し込みの要望だった。

同法人では、障がいをもつ人が充実したライフスタイルを過ごせるように"就労の機会"を提供している。松本氏は、その施設の中で食品を小分け包装する仕事（作業）を通じて、施設にいる人たちに就労支援を行っているのだ。実際に、私も香川県の現地に取材に伺ったことがある。製造されている無添加・手作りクッキーは大変美味しかったし、施設で管理する農園では、有機肥料のみを使用してニンニクなどを栽培しており、どこまでも優しく、素敵なものづくりの現場に感服した。

そんな取り組みをされている松本氏が販売するカンボジア産の薄皮つきカシューナッツ。これが、驚くほど美味しい。私たちは2022年から優れた完全無添加のドライフルーツとナッツ製品に対して『ドライフルーツ＆ナッツアカデミー推薦品』の認証ロゴマークを付与する制度を始めている。現地証明書や、工場の製造工程書類、原材料などを精査して、独自の基準と審査会を設けた。そして、2023年からは料理研究家・シェフ・グルメインフルエンサーなどの審査員を交えて、特定の企業との癒着がない状態で、忖度なく、公平に品質のよいナッツとドライフルーツをジャッジするための工夫をしていく。

この商品の原材料は、カシューナッツ・食塩のみだ。ほんのりついた塩味と薄皮の苦みと渋みが、"オトナ味"。いざ食べ始めると…袋に向かう手が、理性では止められなくなっている自分に気づく。大粒で、通常サイズの約1.6倍はある。食べ応えがあって、濃厚でクリーミーな味わいの余韻がのこる。結局、誰よりもファンなのは推薦している私自身かもしれない。

カンボジア産　薄皮つきカシューナッツ

COLUMN
❽
サステナブルな豪州産のナッツに着目！

オーストラリア・マカダミア協会をご存じだろうか？ 公式サイトによると、1974年、オーストラリア国内のマカダミア生産者・加工・販売業者などを含むマカダミア産業を統括する機関として設立されており、マカダミアの生産や加工に関する情報交換、品質基準の設定、販売促進などマカダミア産業の発展をサポートしている。

マカダミアナッツは、ドライフルーツ＆ナッツエキスパート検定を受講する方から最も驚きの声があがるパートの１つである。なぜなら、マカダミアナッツの原産国はハワイと思っている方が多いからだ。ハワイのおみやげ品の代名詞であることはたしかだが、マカダミアナッツの原産国（故郷）は、豊かな自然環境に恵まれており、オーガニック先進国としても知られる国、オーストラリアである。

マカダミアナッツの外皮・殻を除いた「Point White Kernel（むき実）」の重量において、世界第１位の生産量を誇るのが、オーストラリア。じつは、アーモンドの粒重量においても、世界第２位であることはあまり知られていない。

４万年以上前から先民族から食されていたマカダミアナッツは、世界40か国以上に輸出をされており、日本のマカダミア市場の約６割は、オーストラリア産が占めている。2022 年現在では、植林面積は約 27,500ha 以上にのぼり、今後はさらなる生産増が期待されている。

オーストラリア産のナッツは「オーストラリア産園芸作物サステナビリティ・フレームワーク」を基に、水の利用効率や二酸化炭素・廃棄物排出の最小化など、環境負荷の改善に取り組んでいる。カーボンゼロを達成した果樹園まであるそうで、ぜひ実際に足を運んで取材をしてみたいものだ。殻や外皮は再生可能燃料として発電や家畜の飼料として、また枝・葉は土壌改良などに利用されるという、なんとも地球に優しいナッツ栽培である。

オーストラリアは南半球に位置している。つまり、ナッツの収穫期がアメリカとは異なる点がポイントだ。オーストラリアでは２月に収穫期を迎えるので、夏に収穫されるアメリカ産アーモンドと併用すれば、６か月ごとにフレッシュな製品を味わうことが可能になる。酸化が早いのがナッツの弱点。だからこそ、オーストラリア産のアーモンドやナッツに今後も注目したいと考えている。

4 章

料理人のレシピ
― ドライフルーツとナッツ
を使ったオリジナル料理 ―

カッチョエペペ〜アーモンドのソース〜

材料（2人分）

マカジキ…6枚	塩…少々
アーモンド…10粒	ペコリーノロマーノ…少々
★アンチョビ…1ヒレ	オレンジ…少々
★Exv.オリーブオイル…5ml	黒胡椒…適量
クレイジーピー…適量	

つくり方

1：アーモンドを細かく砕いて、軽くローストする。冷ましたアーモンドと★を混ぜ合わせてソースの完成。

2：マカジキをスライスし、塩を振りかけて水分を浮かしてペーパータオルでふき取る。

3：1のソースをかけて、お好みの野菜を添える。

4：ペコリーノロマーノとオレンジの皮を削って風味をつけて、できあがり。

※野菜はお好みで、ラディッシュやクレソンなど。削る柑橘は柚子、無農薬レモンなどでも代用可。

ペンネ・ピスタチオとゴルゴンゾーラチーズのソース

材料（1人分）

ペンネ…40g

ピスタチオ…10g

ゴルゴンゾーラチーズ…50g

生クリーム…30g

パルミジャーノ レッジャーノ…15g

黒胡椒…適量

つくり方

1：ペンネを茹でる。

2：フライパンにゴルゴンゾーラと生クリームを入れ、弱火にかけてチーズを溶かす。

3：ローストしたピスタチオを半量砕き、茹で上がったペンネとともに2に入れて、よく混ぜ合わせる。

4：パルミジャーノ レッジャーノ・チーズを3に加えて、さらによく混ぜ合わせる。

5：お皿に盛りつけ、残りのピスタチオを飾れば、できあがり。

カッチョエペペ　〜アーモンドのソース〜

パンチェ・ビスタッチオとゴルゴンゾーラチーズのソース

鰯とウイキョウのパスタ

材料（ソースは作りやすい分量で）

＜ソース＞

イワシ…1kg

　※内臓を取り出し3枚おろし

玉ねぎ…100g

松の実…30g

ウイキョウ…100g（葉60g）

EXV. オリーブオイル…50ml

レーズン…100g

ニンニク…1/2欠片

男爵じゃがいも（下茹で）…100g

ポワソン…2ℓ

日本酒…120ml

塩・胡椒…各適量

スパゲッティ…60g

イタリアンパセリ…適量

EXV. オリーブオイル…適量

パン粉（乾煎り）…適量

つくり方

1：鍋にニンニク、オリーブオイル30mlを入れて弱火にかける。

2：ニンニクがキツネ色になったらスライスしたタマネギ、ざく切りしたウイキョウの葉を加えてしんなりとするまで炒める。

3：日本酒を2に加えて、アルコールが飛んだらポワソンを加えて煮詰める。

4：3枚におろしたイワシに塩・コショウ。熱したフライパンで皮面だけ焼き色をしっかりつけて、3に加える。

5：ローストした松の実、レーズン、ジャガイモを4に加える。汁気がなくなってきたら、オリーブオイル20mlを加えて、混ぜ合わせる。

6：ソースをフライパンに1人分移す。茹で上がったスパゲッティとオリーブオイルを加えて、混ぜ合わせる。仕上げにパン粉、パセリをちらして、できあがり。

シェフからのコメント

カッチョエペペは、オリーブオイルと細かく砕いた焙煎アーモンドで仕上げた料理。ペコリーノロマーノとアンチョビの塩味がアクセントで、柑橘の爽やかな香りを最後にプラスしています。ペンネ・ピスタチオでは、ピスタチオを2種類の形状で使い分けました。ホールのまま散りばめることで香りをソースに移して、ゴルゴンゾーラやレッジャーノチーズのもつ塩分を利用して、パスタには塩を振らないことがポイント。また、鰯とウイキョウのパスタは、海と山を融合させたシチリアの代表料理。シチリア島は数多くの港があり魚介類が豊富です。一方で、エトナ山がシンボルで、山の幸も手に入る立地です。欧州、中東、アフリカなどの多様な文化が入り混じったfusion（フュージョン：多国籍）料理ともいえるでしょう。レーズンとパスタソースの組み合わせを楽しんでいただけたらと思います。

鰯とウイキョウのパスタ

私とドライフルーツ＆ナッツの物語

パネットーネというイタリア伝統パン菓子。私たちは、店でロンバルディア州の地名が由来の "ブレーシア風" といって、生地の上にナッツを散りばめて焼き上げています。また、ドライ柑橘ピール（皮）も自家製でつくって使います。私が修行したシチリア島では前菜、パスタ、メイン料理などにドライフルーツやナッツはよく使われていて、保存食の役割を超えた存在でした。日本のレストランでは、まだまだド
ライフルーツとナッツが食材の主役になることは少ないでしょう。料理アクセントや幅を広げるために大切な食材ですから、鮮度の高いナッツや美味しいドライフルーツの種類が増えていくことを願っています。著者の井上さんは、まだ20代の頃、「ドライフルーツとナッツのレシピをつくってください！」と半ば飛び込みのように来店されました（笑）。そんなご縁から応援していますが、これからも私たち料理人への新しい提案を期待しています。

鈴木弥平シェフ
ピアットスズキ

パンソッティ 胡桃のソース

材料（4人分）

<生パスタ>
★強力粉…200g
★卵…2個
★卵黄…1個
〈詰め物〉
ほうれん草…100g
◎リコッタチーズ…100g
◎パルミジャーノレッジャーノ…20g
マジョラム…2本
塩…少々

<くるみのソース>
●クルミ…50g
●ニンニク…1/6片（ほんのわずか）
● Exv. オリーブオイル…30g

パルミジャーノレッジャーノ…30g
牛乳…30g
パン粉…10g
塩…少々

つくり方

1：★をひとまとめにして捏ねる。パスタを麺棒で薄く伸ばし、7cm幅の正方形に切っておく。
2：茹でたほうれん草を氷水に落として色止めし、マジョラムととともにフードプロセッサーで撹拌する。そしてボウルに入れた◎のチーズに移して混ぜ合わせる。1でつくった生パスタ生地で包む。
3：●を先にミキサーにかけ、他の材料と一緒に混ぜ合わせてソースの味を調える。
※牛乳は2回に分けて入れることで水分量を調整しやすいです。
4：2のパスタを茹でて、3のソースを火にかけて和えたら、できあがり。

仔羊のアラブ風ロースト

材料（2人分）

骨付き仔羊…400g
塩・コショウ…少々
パン粉

<自家製アーモンド生地>
★アーモンドプードル…100g
★ゴマ…100g
★デーツ…100g
★マルサラ…20ml

<デーツの煮込み>
デーツ…4個
マルサラ…200ml
ブイヨン…50ml
塩…少々
バター…15g

つくり方

1：仔羊に塩・コショウをすり込む。デーツはマルサラに半日浸けておく。
2：★を混ぜ合わせて、手でこねる。
3：フライパンにオリーブオイル（分量外）を引いて、強火～中火で肉の両面を焼く。
4：その後、200℃のオーブンで15分焼成する。取り出したら、アルミホイルをかぶせ15分休ませる。
5：羊の表面に2でつくった自家製アーモンド生地をつけて、パン粉を肉全体にまぶして、200℃のオーブンで10分焼く。
6：フライパンで半日漬け込んだデーツとマルサラを弱火にかけて、ドロッとするまで煮詰めていく。詰まっていく前にブイヨンで水分を整えて、仕上げに火を止めてからバターを溶かして乳化させて、できあがり。

パンソッティ 胡桃のソース

マカダミアナッツとマスカルポーネのタルト

材料（12人分）

＜タルト生地＞
強力粉…125g
薄力粉…125g
バター（常温）…200g
粉糖…100g
卵黄…2個
塩…1g

＜キャラメリゼナッツ＞
マカダミアナッツ…200g
★グラニュー糖…200g
★水…30g
ドライオレンジピール…適量

＜クリーム＞
卵黄…3個
グラニュー糖…100g
マスカルポーネチーズ…400g
フランジェリコ…30g（リキュール）
板ゼラチン…3枚
生クリーム…150g
すりおろしたオレンジの皮…1個分

つくり方

1：マカダミアナッツは事前にローストして香りをつける。板ゼラチンは氷水で冷やしておく。タルト生地の材料を混ぜ合わせて型にはめて、上から重しをして160℃のオーブンで約20分焼成。

2：卵黄、グラニュー糖を白くもったりとするまで混ぜあわせる。

3：マスカルポーネ、8分立てした生クリームを入れて混ぜる。

4：板ゼラチンに少量の水を入れてあたためて溶かし、2に混ぜる。

5：タルト生地の中にクリームを入れて半日冷やす。

6：★を溶かして一緒に沸かして、マカダミアナッツに絡める。弱火でキャラメリゼをして、少し冷ましてからざく切りして、冷やしたタルト生地の上に乗せる。タルト全体にすりおろしたオレンジの皮を散らして、できあがり。

シェフからのコメント

パンソッティは、胡桃の濃厚なソースを楽しめるリグーリアの代表的な料理。胡桃とニンニクの香りが飛ばないように、火の入れすぎに注意です。牛乳に浸したパンでソースの固さを調整していきます。**仔羊のアラブ風ロースト**は、シチリアの本場の料理で、写真からは見づらいですがアーモンドプードルとデーツがお肉とパン粉の間に挟まっています。アーモンドプードルを使うことで軽く仕上がります。マルサラでデーツを軽く煮込んで香りをつけてますが、デーツの固さに応じて1晩寝かせてもよいかもしれません。ドルチェのタルトづくりのポイントは、マカダミアナッツにグラニュー糖と水を溶かした後、一度火を止めてから纏（まと）わせていく点です！カラメルは固くなると剥がれやすい性質があります。砂糖を結晶化させて、弱火でゆっくり溶かしながらマカダミアナッツをコーティングさせましょう。

マカダミアナッツとマスカルポーネのタルト

私とドライフルーツ＆ナッツの物語

修行先のイタリアは、ナッツとドライフルーツの宝庫でした。リグーリア州では松の実を使ったレシピが多く、シチリア島ではピスタチオ、アーモンドが特産品。ピエモンテ州ではヘーゼルナッツ農国がたくさんあります。このように、昔から、各土地に根付いている木の実があるからこそ、土地柄をナッツ料理でも表現できます。

修行中、レーズンやデーツといった果物を料理に合わせる発想には、衝撃を受けました。日本では、まだまだ料理へのアレンジよりも、単体での消費が一般的ですよね。ナッツは、安くて品質が粗悪なものを選ぶと、油が酸化していて美味しくないことがあります。だからこそ、井上さんが、品質において安心できる商品を正しく伝えていただければ嬉しいですね。この本を通じて、毎日のようにドライフルーツとナッツを食べていただく習慣づくりができることを祈っています。また、いつでもお店に遊びにいらしてください。

洒井辰也 シェフ
ケパッキア

ドライいちじくと蟹の酢の物

材料（4人分）
ドライ白いちじく 8…個
茹で蟹…120 グラム
青身（季節の野菜なんでもいいです）…適量
カシューナッツ…適量

2 番出汁…200cc
いちじくのもどし汁…50cc
米酢　　…50cc
味醂　　…50cc
濃口醤油…25cc
薄口醤油…25cc
寒天…6 グラム

つくり方

1：ドライ白いちじくは、前日から水に漬けて戻しておく。

2：□ を全て鍋に入れて、火にかけて沸いたら濾して冷ます。冷蔵庫で冷やして蟹酢の
　　ジュレをつくる。

3：カシューナッツは軽く炙って、砕く。水に戻したドライ白いちじくを食べやすい大き
　　さにカット。

4：3をボウルに入れて、蟹と青身蟹酢のジュレを合わせて和える。

5：お皿に盛りつけて、カシューナッツを振りかければ、できあがり。

ドライマンゴーと海老の天ぷら

材料（4人分）
ドライマンゴー（砂糖不使用）…12 枚
車海老…8 本
季節の野菜…適量
天麩羅粉…適量
塩…適量
酢橘（すだち）…2 個

つくり方

※ドライマンゴーは水で戻して、よく水気を取ってください。

※砂糖不使用のドライマンゴーを必ず使ってください。

1：ドライマンゴーに衣をつけて、揚げる。

2：海老や季節の野菜の天ぷらとともに盛りつけ、塩と酢橘を添えて完成です。

ドライいちじくと蟹の酢の物

ドライマンゴーと海老の天ぷら

カシューナッツと蟹のそうめん

材料（4 人分）

<＜素麺出汁＞
カシューナッツ…20 グラム
一番出汁…300cc
味醂…25cc
薄口醤油…50cc

素麺…4 束

小口ネギ…適量

岩海苔…適量

山葵…適量

炒ったカシューナッツ…適量

つくり方

1：□ を全て鍋に入れ沸かして冷ます。

2：ミキサーの中に、カシューナッツと冷めた □ を入れて攪拌させて、乳化させる。
　よく混ざったら、カシューナッツの素麺出汁の完成。

3：素麺を茹でてから一度冷やす。

4：炒ったカシューナッツを添えて、薬味を添えたら、できあがり。

シェフからのコメント

酢の物は、ドライいちじくの自然な甘みと蟹の塩味を融和させており、蟹酢のジュレがお互いをひき立てています。炒ったナッツを散りばめるとクリスピー感が楽しめます。天ぷらは、ドライマンゴーの可能性を広げた 1 品。お塩と酢橘で合わせ、お酒を選びません。蟹のそうめんは、出汁にカシューナッツを入れて、蟹身と絡まるように乳化させることがポイントです。「うぶか」は日本料理をベースとした甲殻類専門の懐石です。甲殻類とナッツやドライフルーツとの相性が、予想外に良かったことは、今回のレシピづくりにおいて大きな発見でした。ドライフルーツは甲殻類にも負けず劣らず旨味が凝縮しているため、お互いの素材が引き立ちますね。ナッツは、濃厚さ、香ばしさなどを料理にプラスするときに応用できそうです。今後も新しい発見をしていきたいと思います。

カシューナッツと蟹のそうめん

私とドライフルーツ＆ナッツの物語

世界中のドライフルーツやナッツが入手できる日本は、料理人としては恵まれていると思います。ただし、ナチュラルな食材だけが流通しているわけではないです。そのため、原材料表記を確認して、しっかりと商品を精査する「目」が必要なのだと考えます。井上さんは、「うぶか」がオープンした当初から、一貫して無添加のドライフルーツやナッツを推薦されていて、変わらない心が応援される秘訣だと思っています。皮も種も一緒に乾燥させているドライフルーツは、フードロス（食料廃棄）問題にも寄与します。栄養価も高く、保存性も効きます。ただし、まだまだ日頃の食事に取り入れている人は少ない気がしています。私たち料理人は、料理でも積極的に使いながら発信していくことで、未来の子どもたちの食の豊かさに貢献できたらと思います。

加藤邦彦シェフ
うぶか

腰果口水鶏（鶏肉とカシューナッツの旨辛ソース）

材料（2人分）

鶏ムネ肉（皮なし）…1枚（約250g）
豆もやし…50g
パクチー…適量
トマト…1/2個
揚げカシューナッツ…10g

＜調味料A＞
豆板醤…15g
油…大さじ2
おろしにんにく…小さじ1

＜カシューナッツペースト＞
カシューナッツ…40g
オリーブオイル…20cc

＜調味料B＞
砂糖…20g
醤油…15cc
中国醤油…5cc（たまり醤油）
黒酢…10cc
ごま油…小さじ1/2
ラー油…大さじ1

つくり方

1：カシューナッツ40gとオリーブオイル20ccをフードプロセッサーにかけて、カシューナッツペーストをつくる。
2：水1ℓを沸かし、塩大さじ1（分量外）を入れ、ムネ肉を弱火で10分茹でる。
　　火を消して蓋をして20分おき、取り出しておく。
3：豆もやしは、ひげ根を取ってからボイル。パクチーとトマトは一口大に切っておく。
4：調味料A を鍋で香りが出るまで焼き、ボールに移し 調味料B を入れてよく混ぜて、
　　冷ます。
5：鶏、野菜を皿に盛り付けて、ソースとカシューナッツを添えれば、できあがり。

プルーン香る黒酢酢豚

材料（2人分）

豚バラスライス…100g
長いも…50g
プルーン…2個（半分にカット）

＜添え野菜＞
玉ねぎ
ピーマン
赤ピーマン
黄パプリカ
…適量

＜調味料＞
無添加プルーン…50g
水…40cc
黒酢…20cc
ハチミツ…10g
醤油…10cc
ビンコット…15cc
てんさい糖…15g

つくり方

1：長いもの皮をむき、拍子切りにして水にさらし、水気を切る。
2：添え野菜を切り、水気を切る。
3：豚バラスライスに塩・胡椒（各適量）し、薄く片栗粉をつけ、1の長いもを巻く。
4：調味料のプルーンと水をフードプロセッサーにかけ、調味料 も一緒に混ぜておく。
5：3の肉巻きを油大さじ2で焼き、余分な油はふき取り、お皿に盛り付ける。
6：4の調味料を温め、ソースとして使う。
7：2の野菜と半分に切っておいたプルーンを飾れば、できあがり。

腰果口水鶏（鶏肉とカシューナッツの旨辛ソース）

プルーン香る黒酢酢豚

ドライパインの五目炒飯

材料（2人分）

温かいご飯…250g
水戻しドライパイナップル（砂糖不使用）
　　　　　　　…20g(1cm角で刻んだ状態)
煮豚…40g（1cm角）
戻し干しエビ…10g
むき枝豆
湯むきミニトマト…4個（半分切り）
白ネギ…10cm（みじん切り）
青ネギ…5本（小口切り）
卵…2個
油…大さじ3
日本酒…大さじ1と1/2

塩…小さじ1/3
胡椒…少々
てんさい糖…小さじ1
オイスターソース…小さじ1と1/2

つくり方

※ドライパイナップル20gを200ccの水に入れて戻す。

※炒飯には、温めたごはんを使うことを薦めます。冷えた米を使うと、熱する時間が長くなるので、
　でんぷん質が出てきてしまい、ベチョベチョした食感になりがちです。

1：卵をよく溶きほぐし、材料をそろえる。

2：鍋に油、刻んだドライパイナップルを入れ、弱火で焼く。
　香りを出して、卵を入れて軽く混ぜて、ご飯を入れて炒める。

3：2の鍋に日本酒を入れて、炒めてパラパラに。

※日本酒を入れると、米同士が弾いて水分と油でくっつきにくくなる。

4：　　　　　の調味料を入れ、残りの具材を入れてよく炒め、皿に盛り付け、できあがり。

炒飯のスープは「ドライパイナップルと玉蜀黍の酸辣湯（サンラータン）」。
こちらのレシピは、公式Instagramにて公開します → @ d_n_academy_official

シェフからのコメント

腰果口水鶏は、四川料理の代表格である「よだれ鶏」と「棒棒鶏（バンバンジー）」の間をとったような料理です。本来、棒棒鶏は胡麻ダレですが、今回はカシューナッツのコクを活かしたソースに。ご家庭に中国醤油がない方は、たまり醤油でも代用できます。こちらのペーストは、ストックしておくと、冷や奴、担担麺などに使えて便利ですよ。酢豚は、黒酢の酸味とプルーンの甘みを調和させることで、複雑かつ濃厚な味わいをつくりました。プルーンはできるだけ細かくしましょう。スープは、酢を一切いれずにドライパインを水で戻した時の"戻し汁"の酸味を利用しました。だから、砂糖不使用のドライパインでないと成り立たない料理です。炒飯は、油にパインの香りを移すことがポイントです。中華料理ではドライフルーツやナッツは、日頃から活躍しています。

ドライハインの五目炒飯

私とドライフルーツ＆ナッツの物語

中国薬膳協会の知人の話では、季節的な食材として、例えば6月は「邪気を祓う」という意味合いでカシューナッツを食べるそうですが、中国では薬膳としてドライフルーツとナッツを使います。特に松の実、棗ですね。また、中華料理では"香り"は、とても重要な要素なので、中国では木の実を丸焦げにするくらい炒めてから、油に香りを移すこともあります。つまり、油に香ばしさを出すためにナッツを使って、それらは食べないという贅沢な使い方です。でも、それは中国にナッツが生育しており、安く手に入るからです。日本でも、隠し味に使えるようなくらいナッツ市場が普及していき、料理人としても幅が広げられる環境が整うと非常に有難いです。毎日の食や健康を考える時代だからこそ、天然のサプリとして、ドライフルーツやナッツに期待したいです。

初見直人 シェフ
ゆずのたね

♣　レシピ製作　ご協力店舗　♣

ピアットスズキ

東京都港区麻布十番 1-7-7 はせべやビル 4F

03-5414-2116

最寄り駅：都営大江戸線／東京メトロ　南北線　麻布十番　駅

トラットリア　ケパッキア

東京都港区麻布十番 2-5-1 マニヴィアビル 4F

03-6438-1185

最寄り駅：都営大江戸線／東京メトロ　南北線　麻布十番　駅

うぶか

東京都新宿区荒木町 2-14 アイエス 2 ビル 1F

03-3356-7270

最寄り駅：東京メトロ　丸ノ内線　四谷三丁目　駅

チャイニーズバル ゆずのたね

東京都中野区中央 3-34-1 プラム鍋横 1F

050-1142-5020

最寄り駅：東京メトロ　丸ノ内線　新中野　駅

5章

美しく健やかに過ごす
ための9つの視点
―Q&Aまとめ―

健康と美しさを保つための眼鏡
持っていますか？

本書ではここまで、ドライフルーツとナッツの魅力に触れてきた。

しかし、それだけでは私が伝えたいことは十分でないため、この5章を特別に設けた。

なぜならば、食材の魅力を伝えるような本や雑誌のコラムを読むと、「〇〇だけやれば、健康になれる！」といった誤解を生むような表現が多いと感じるからだ。

健康的なカラダとココロを安定させるためには、無添加のドライフルーツとナッツだけを食べ続けることだけでは、決して成し遂げられない。美容と健康を保つためには、「知識」と「自分なりの戦略」が不可欠だ。

そこで本章では、ドライフルーツとナッツを食べることと併用して、美しく健康的なカラダとココロをつくるために、有益な情報をお届けしたいと考えた。

10代・20代前半の学生であった時と、社会の荒波にさらされるビジネスワーカーになった時では、ライフスタイルやストレス環境も大きく変わっているはずだ。働き始めれば、ボディメンテナンスへの時間や手間もかけられず、体型維持のハードルも上がることだろう。

そこで、今回は【9つの視点】で健康を保つ工夫をまとめた。

私自身はこの方法で、体脂肪率7％未満をキープしている。大学を卒業した頃とさほど変わらず、元気な体で過ごせているし、肩こりや、関節痛、健康診断の数値にも悩まされていない。

ヒトがもつ生理現象、そして、食材がもつ性質。その原理やメカニズムを正しく理解して答えを導き出すことができれば、目にするダイエット情報や広告は、あなたにとって、ノイズと化すだろう。

　己にだけ焦点をあてて、常に体調や心の変化を観察していくこと。
　これは、いわば眼鏡づくりと一緒だ。

　ピントスピードが上がり、おのずと答えが"見えてくる"。
　これまで気づけなかった探しものも"見つけやすくなる"。

　知識と理屈を糧にして、自分にピッタリ合う「眼鏡」が見つかること。それはきっと、あなたのココロとカラダが、驚くほどに健康になるための1歩であると思う。

　それでは、あなただけの眼鏡探しの旅にでかけましょう。

視点① 意識

何をいつ、どのように食べるか？
へ意識を向ける

「この食べものは、今の自分のカラダに必要なのだろうか？」
「同じ食材を使っても料理方法を変えるだけでヘルシーにならないだろうか？」
「この食事をした後に糖を消費する（運動する）時間があるだろうか？」

このような視点から、自分の食べるもの、食べ方を意識してみよう。
意識を向けると、知識がある人は、正解がおのずと見えてくるはず。
「美味しそうだから目の前にあるものを食べる」では、動物と変わらない。人には理性がある。
美しくなりたい人は頭を使って、賢く食べている。
体内に取り入れる食事（食材）に対して敏感で、気を遣っている。

その上で、食事を全力で楽しんでいるから長続きして、心も身体も満足が得られる。「身体の声」に注意深く耳を傾けて、本能に忠実に食を選ぶ。心身が正常な状態であれば、その時の自分に必要な栄養分を必要な量だけ欲するようになるだろう。寒さで冷えていれば根菜や鶏肉を使った料理をつくりたくなるし、ビタミンが不足していれば自然と色の濃い野菜に手が伸びるだろう。無性にジャンクなものが食べたい時は、心身のバランスが崩れ気味な場合が多いと思う。
そこで、食べたもの・食べた理由を振り返り、記録してみてはいかがだろうか。
1か月続けると、「食べ傾向」が見えてくる。それを見ながら、脳と体と食欲の関係が見えてきたら、体づくりはもう90%成功だろう。

「ダイエットジプシー」という言葉をご存じだろうか？
ジプシーの意味は「貧者」。話題のダイエットを試しては、リバウンドをして罪悪感に陥る行為を繰り返すような人を指している。

例えば、低カロリー食品や1つの食材だけに頼り、それだけを食べ続けるような減食ダイエットも、間違いだ。それでは、美しい体型はつくれない。

そもそも、スムーズな排泄が促進される腸に合う食べもの、最もテンションの上がる運動などは、どれも他人と合わせる必要なんてない。他人と比べるのではなく、自分の体のリズム、欲求、カラダの反応に目を向けることが大切だろう。
そうすれば、他人の成功事例に興味すら沸かなくなるし、おのずと道が見える。

ダイエットに近道を求めるから、路頭に迷ってしまう。
自分が理想の体型を保つことができる法則が、探せば必ず見つかる。その方法が、軸となる。今すぐスマホを閉じて、社会にあふれる情報を鵜呑みにするのではなく、"自分軸"を見つけることを最優先しよう。

そのためのトライアル時間は、大きな意味がある。軸がわかれば、何歳になろうと体型や生活習慣病に対する不安など起きない。自分に合ったライフスタイルを追求して、その答えを探すことに貪欲になることが最高の近道になる。
アニメ『鬼滅の刃』は世界中を巻き込み大人気となった作品だ。作中で使われている主人公の"全集中"という呼吸がある。この言葉は、実際の私たちの生活にも適していると思う。

自分だけの王道を探すことに、全集中しよう。

視点② 食事

数値より機能性。食品の部位も吟味しよう

　糖質などの「数値」ばかりを気にして、蒟蒻やおからばかり食べていないだろうか？　でも、カロリーを抑えることだけがボディメイクの正解ではない。満足のいく食事をしないと心も脳も満たされない。まず、数字に支配された食品選びをやめて、食品の機能性や役割を知ろう。食べたものが体や精神にどんな作用をするかを理解できれば、献立のアプローチも増えるし楽しくなるだろう。メカニズムを知り、数値はただの指標と考えればよい。

　肌ツヤ、髪、筋肉も食べたものによる結果である。そして、老廃物をスムーズに排泄してエネルギーを効率的に消費できる体になるためには、食材の選び方が重要である。例えば、知識があればお肉の選び方も変わるだろう。

　私は、モツ、牛すじ、ホルモン、鳥皮などは口にしない。「プルプルのモツでコラーゲン！」という文言をたまに見かけるが、あれは筋が通っていない。食品からコラーゲンを摂っても直接肌には作用しないからだ。肌のハリを保つにはタンパク質を構成するアミノ酸を摂ることが重要。

　すなわち、ロース、ヒレ、モモ肉のように脂身が少ない赤身肉を食べたほうが、効果的である。アオハルクリニックの伊達友美先生によれば「赤身肉は脂肪燃焼を助ける成分 L- カルニチンが豊富」とのことである。

　数値よりも、素材がもっている本質を見極めて食品を選ぼう。

知っトク情報

ヒトの体は約37兆個の細胞からなるが、腸内細菌は約100兆個とも言われている。細胞の宿主である体にとって最も影響力のある臓器が腸であり、血液の工場のような存在だ。食べ物からとり入れた栄養素は、腸で消化・吸収され、血液を介して全身に運ばれる。つまり、腸内環境の善し悪しは、全身にめぐる血液のスペックに影響する。では、この腸内細菌として、3つの菌種を紹介しよう。

①**善玉菌**：腸内細菌全体の2割を占める。消化・吸収のために働き、腸の動きを活性化させる。

②**日和見菌**：腸内細菌全体の7割を占める。善玉菌 or 悪玉菌の優位なほうに加勢するため、味方につけることが便秘解消のカギ。

③**悪玉菌**：腸内細菌全体の1割を占める。便秘になると繁殖し、脂肪や有害物質をつくり出す。

そんな腸内環境を整えるためには、3つの"F"を意識しよう。「Fine oil（良質な油）」「Fermented food（発酵食品）」「Fiber（食物繊維）」だ。中でも取り組みやすいのは良質な油を毎日使うことである。油は、老廃物の排出のためには欠かせないが、特にエキストラバージンオリーブオイルがお薦めである。潤滑油となり、小腸を刺激し、腸壁に張りついた便をスッと出しやすくしてくれる。大さじ2杯程度、毎朝摂ると効果的だ。

にごりのオリーブオイル　　ガーリックオリーブオイル　　オリーバオーガニック　　エライアグリーン　　エライアレッド
（750ml）　　　　（750ml）

ドライフルーツ＆ナッツアカデミーがお薦めする EXV. オリーブオイル
【ブランド名：そらみつ、輸入者：株式会社そらみつ】

視点③　消化

食べる内容と同じくらい、食べる時間を意識する

　腸が食べ物を吸収するまでの時間は約3時間。この時間は、いわば"腸のゴールデンタイム"だ。この時間をリラックスして過ごすことが太らない秘訣である。

　また、特に自律神経が何より嫌うことは、リズムが乱れる（不規則）ことである。腸に規則的な刺激を与えて栄養素の吸収を促すためにも、毎日の食事の時間を大幅に変えないことが大事である。また、就寝前に何かを食べるのは言語道断。身体は消化吸収に集中することになり、睡眠時に脳や身体が休めなくなる。

　寝る時間や生活リズムに合わせて、逆算をして食事することを心掛けよう。消化に十分な時間を確保せずに寝てしまうと糖分を吸収することになる。

　では、どうしてもお腹が空いた時はどうするか？　お薦めな食材が「焼き海苔」。低糖質でビタミンCがレモンの約10倍。もちろん味付けされていないものに限る。

　そもそも体内時計という生理現象には仕掛けがある。太陽の光を朝浴びると、25時間周期であった体内時計が自動で24時間に修正される。この時に使われる遺伝子群を「時計遺伝子」と呼ぶ。この時計遺伝子が発する情報は神経繊維からメラトニンを合成して、分解する松果体に伝わって14～16時間後にメラトニンが分泌される仕組みになっている。だから、くるみやピスタチオは朝～昼前あたりに2～3粒食べておくとベストだ（第2章 p.53参照）。

知っトク情報

イタリア在住の自然療法士、フランク・ラポルト＝アダムスキー氏が提案する腸活メソッドが話題だ。『腸がすべて』（東洋経済新報社）で訳されているが、腸の不調の原因は、消化スピード（腸内での食材の滞在時間）の違いがある食材を一緒に食べてしまうことにあると言及している。消化の早い食べものと遅い食べものを分けるというものだ。これは、同意見のメソッドであるため、紹介したいと思う。

食べ物を口にしてから排便するまでの時間は通常、約40時間と言われている。腸に食べ物が滞留してしまうと、腸管の免疫機能の働きを弱らせて必要な栄養素がとり込めなくなるそうだ。ヒトも窮屈な服よりもリラックスできる服のほうが楽である。腸も、同じように気持ちよく動けるようにしてあげたいもの。そこで、食べものの消化スピードを知ることが大切だ。アダムスキー氏は、消化の早さを3つに分類していた。

下表の分類「FAST」は、口に入れて腸に下りるまで最短30分。果物では柑橘類、野菜ではトマトが早い。「SLOW」は、食材が腸に下りてくるまで7〜9時間かかる。食べ合わせで消化を意識しよう。

分類	消化までのスピード	具体的な食材
FAST	30分〜2時間	ほぼすべての果物・ドライフルーツ/はちみつ/メープルシロップ/トマト/パプリカ/緑茶/スパイス（カレー・唐辛子etc.）
NEUTRAL	—	油/酢/にんにく/玉ねぎ/長ネギ/なす/牛乳/ワイン/ビターチョコレート/こしょう
SLOW	7〜9時間	炭水化物（米・パン・芋類）/肉/魚/チーズ/卵/豆/海藻/ナッツ/きのこ類

『腸がすべて』（東洋経済新報社）をまとめて著者作成

視点④　水分
直接的・関接的に摂る水を選ぶ

　2020年春以降の長きにわたり、新型コロナウイルス感染症の影響でマスクを常用することになった。マスク未着用で生活していた時と比較して、口が潤っているために脱水症状に気がつきにくいと言われている。

　ただし、ヒトは口以外からも水分を常に発散しているから、無意識のうちに体内の水分は失われている。とくに冬場は喉の渇きが少ない一方で、空気の乾燥、暖房、就寝時に布団を重ねることによる寝汗などで、水分は失われている。女性の体水分率は45〜60%で、男性よりも5〜10%程度少ないため、とくに気を遣いたいところだ。

　さて、「水を飲みすぎてむくむ」というのはデマである。むしろ水分不足のほうが、細胞内の水分代謝を阻害するので、むくんでしまうリスクがあると言われている。

　また、グルテンを含有する小麦製品ばかり食べている人は注意したい。パンやパスタなどは野菜や果物と比べて水分量が少ないので、便秘になりやすい。皆さんも海外旅行や出張中で、便秘になりやすかった経験はないだろうか？　これは、欧州の食文化は小麦食が多いからと推測できる。

　水は、腸の蠕動運動を刺激して食べものをスムーズに腸内に移動させてくれる効果があるし、水分で便が軟らかくなるので、とても大切である。体内にある水分を上手に利用して、老廃物を貯めないカラダになろう。

私は、1日に約1ℓ以上の水を飲むことを心がけている。大切な点は、量ではない。それよりも「天然水（ナチュラルウォーター）」を飲むことだ。市販のもので構わないので、天然水を選ぶことだ。

じつは、神戸大学農学部生体計測研究室のツェンコヴァ・ルミアナ博士が開発した「アクアフォトミクス（AQUAPHOTOMICS）」を学んでから、天然水を選ぶことが習慣となっている。アクアフォトミクスとは、光を用いた"水の網羅的な解析方法"。タンパク質やミネラルなど、物質そのものを視るのではなく、「近赤外線」を使って物質の周りにくっついている水の分子構造や物質の状態を読み解くことで、さまざまなことを解明するという考え方だ。

私は、天然温泉「ゆの里」を運営する株式会社 重岡が販売する「月のしずく」を取材をさせて頂いてから、水の概念が大きく変わった。「無料で配給されるような水は、なぜ粉ミルクが溶けやすいのか？」じつに興味深い話を伺うことができた。

さて、水を買うときは、温度も大切。できるだけ"常温"の天然水を選ぶようにしよう。冷たい飲み物は内臓を冷やすので、極力避けるべきだ。外食の際でも、水を飲む時は氷を抜いてもらうとよいだろう。
冬場、ハーブティーや白湯は、胃腸を目覚めさせるのに効果的。内臓から温めることで代謝も上がり、熱を生むので冷え性の方にもお薦めしたい。

「水を飲む」という当たり前の行為でも、カラダへの思いやりをもとう。

視点⑤　酵素
酵素をムダづかいしない生き方をする

　腸の健康に欠かせない存在「酵素」。体内にある酵素は"潜在酵素"と呼ばれ、消化酵素と代謝酵素がある。酵素は加齢やストレスで失われていく。ただでさえ限りのある酵素。消化に負担のかかる食べ物、アルコール、喫煙などの解毒のために使われると、代謝に回りづらくなってしまうので損である。

　そのため、私はまず、加工肉は一切食べない。市販のサラミ、生ハム、ソーセージなどの酵素が死滅している加工肉は極力口にしないようにしている。加工肉は発色剤、リン酸塩などの食品添加物を含有するものが多いことも理由である。1次生産物である精肉の調理がベストだ。

　例えば牛タンにレモン汁をかけて食べること、さんまやホッケに大根おろしを添えて一緒に食べることなどの美味い食べ合わせには、酵素を摂るという観点で、じつは意味があるのだ。酵素の働きで肉や魚の消化を助けているからだ。理にかなっている。

　他にも、新鮮な生野菜、生フルーツ、海藻、刺し身などからも酵素は摂れると言われている。発酵食品である味噌、納豆などもお薦めだ。

　牛肉、鶏肉、カブ、海老、イワシなどの料理に合わせて、アーモンドパウダーやヘーゼルナッツなども上手に利用して、酵素を積極的に摂りたいものだ。

知っトク情報

酵素の重要性は、ここまでで説明した。ただ、このような知恵を外食シーンでは実践することが難しいと思われる人もいるかもしれない。そこで、外食の時でも使えるテクニックを紹介する。

例えば、和食。まず、刺身が提供された時、ツマや大葉なども積極的に食べるようにすることだ。ツマは大根であり生野菜であるから、酵素が摂れる。とんかつ屋でもキャベツのお替わりに遠慮をしないこと。鍋を食べる際は、もみじおろし、ネギなどの薬味のお替わりをして、できるだけ酵素を摂ろう。

中華料理店などでは、白ごはんに酢をかけて“酢めし”にしよう。酢めしにすると、血糖値の上昇が緩やかになることがわかっている。

また、ビュッフェ形式の朝食などではフルーツ、大根おろし、サラダをチョイスするなど工夫しよう。
では、酵素を摂るようなチャンスがなくて、甘いものやジャンクフードを食べたくなった時はどうするか？

例えば、アイスクリームを食べる時に工夫するなら、くるみやカシューナッツをプラスして冷えを防ぎつつ、油分を垂らすのも効果的である。バニラアイスなどには、色彩のコントラストが映えるパンプキンシードオイルや、エキストラバージンオリーブオイルなどが相性がよくてお薦めだ。

パンプキンシードオイルをかけた
バニラアイスクリーム

パンプキンシードオイル
【商品名：Premium pumpkin seeds oil
輸入者：株式会社イイコーヒー】

視点⑥ 温活
腸活と同じくらい大切な「温活^{おんかつ}」

　基礎体温を上げる活動のことを「温活」という。まず、冷え（体温が低い）は万病の元である。肌荒れや目の下のクマなど、美容トラブルは、冷え性が原因として潜んでいる。私も 20 代は冷えに悩まされており、3 年間かけて徹底して温活し、基礎体温を 35.8℃から 36.4℃まで上げた。すると、血めぐり（血行）の改善で、顔色が良くなり、以前と比べて肌の透明感が増して、髪がサラサラする体感をした。おそらく毛細血管が開いて血流が良くなったことで、肌の細胞に栄養が届きやすくなったと推測できる。

　さて、体を温める方法はいくつかあって、大きく分けると「入浴」「運動」「食事」の 3 つである。中でも、ここでは入浴の大切さを紹介する。

　お風呂博士である石川泰弘氏の著書『お風呂の達人』（草思社）によると「ヒートショックプロテイン（HSP）」を味方につけるべきであるという。HSP とは、傷んだ細胞を修復する機能を持つたんぱく質で免疫力アップにも役立つもの。週 2 回、40 〜 42℃くらいの温度のお湯に 15 〜 20 分程度浸かって体温を 1.5℃くらい上げてから 30 分程度保温すると、HSP が増えるそうだ。食後すぐや運動前の入浴も脂肪燃焼を底上げする効果があるという。

就寝の
90分前

温活をしながら睡眠の質までも高めてくれる、一石二鳥な方法がある。

それは入浴を「就寝90分前」にすることだ。なぜならば、ヒトが眠気を感じる時は、上昇した深部体温が下がろうとする時。つまり、お風呂で体を温めてから1時間半くらい経って、体温が緩やかに下降するタイミングに入眠を合わせるとよい。質のよい深い睡眠がとれれば、翌日の肌コンディションや仕事の能率に大きく関わるので、私もできるだけ実践をしようと努めている。

また、食事での温活テクニックは「生姜」である。生姜にはジンゲロールという辛味成分が含まれており、血のめぐりをよくしてくれる。食べてから1〜2時間後にはエネルギー消費量もアップ。チューブのものは食品添加物が多いし、生姜のドライフルーツは砂糖漬けされている商品がほとんどである。そのため、無添加100％生姜の粉末（パウダー）や生生姜を購入しよう。味噌汁、炒め物に大変お薦めで、体がポカポカしてくる。

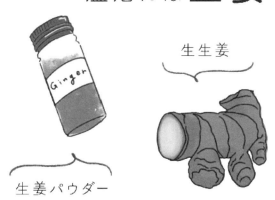

温活には **生姜**

生生姜

生姜パウダー

視点⑦ 運動
「食べるだけで痩せる」は雑な発想

　ボディラインのキープや熱効率を上げる体づくりには、運動が欠かせない。私のルーティンは有酸素運動の水泳を週3～4回、18歳の頃から継続している。

　また、上質な筋肉が代謝UPには大事なので、筋力トレーニングも最低週1回はやるべきだろう。マシンに頼らなくても、インナーマッスルを鍛えるような筋トレは自宅で手軽にできる。筋肉の代謝が落ちると糖の代謝も落ちて、必然的に糖化も起こりやすいと考えられている。

　そもそも筋肉の最初のエネルギー源は、血中の糖（グルコース）と遊離脂肪酸だ。遊離脂肪酸とは、脂肪から血液に放出されエネルギー源となる脂肪分のこと。運動強度が低いと脂肪を使う割合がアップして、強度が高いと糖を使う傾向がある。筋肉の使用量が増えると、これらに加えて筋肉や肝臓に蓄えられているグルコースが使われる。そして運動後は、筋肉ダメージの快復のために糖・脂肪の代謝が続くため、糖を使い終わって、補填のために脂肪を分解して糖に変える。このプロセスで脂肪が燃焼する。だからこそ、定期的な運動はマストだ。

　過度な減量ダイエットは、逆効果である。体がエネルギー不足となって蓄積した脂肪を燃やす一方で、エネルギーを消費して熱をつくる大事な筋肉も減ってしまう。すると、代謝が悪くなるので冷え体質をつくってしまう。つまり"燃費が悪い"（エネルギーを消費しづらい）体になってしまう。

　楽をしようとせずに、運動は欠かさずに続けたい。

お薦めしたい有酸素運動は、水泳だ。水泳ができる環境さえあれば、絶対に生涯において太らないと断言できる。そんな、水泳の魅力を「水の４大特性」を交えてお伝えしたい。

メリット① 浮力

人は肩まで水に浸かると、水の浮力によって体重が約 10%にまで減少する（50kgの人は 5kg）。つまり、関節への負担が軽減された状態で運動ができるため、陸上の運動では膝を痛めてしまう人などにお薦めできる。

メリット② 抵抗

水の抵抗は、空気の約 12 倍。全身の筋肉を効率よくほぐしてくれて、筋肉バランスを整えてくれる。

メリット③ 水圧

水深の深さと比例して水圧が高くなるが、標準的な体型の人で肩まで水に浸かった時に受ける水圧は 1,300kg 程度。この効果で、下半身から心臓へと戻る血液の循環がよくなる、また胸部にかかる水圧が適度な負荷となり呼吸筋や心肺機能をアップさせることで、疲れにくい体になる。また、水の中で運動をすることで、「むくみ」がとれて、引き締め効果も期待ができる。

メリット④ 水温

水温は空気の約 27 倍の速さで体温を奪う。ヒトは、下がった体温を一定に保とうと熱をつくり出すためにエネルギー消費をしてくれる。また、体温調整機能がトレーニングされることで、代謝も上がり、風邪予防にもなる。

いかがだろうか？　また、忘れがちな水泳のよい点は、「持ち運ぶ道具が最小限で済むこと」だ。仕事帰りの水泳は、いかが？

視点⑧　睡眠

睡眠の質を上げる工夫をする

　私たちの体や脳は就寝中にも代謝をしており、深いノンレム睡眠は、副交感神経を活性化して腸の動きも活発にしてくれる。つまり、質のよい睡眠を取るためには、いかにスムーズに副交感神経を高めるかが勝負である。そこで、上質な睡眠のコツを紹介する。

「寝る前にスマホ画面を見ない＆コンビニへ行かない」

「足を覆いすぎない」

「寝る前に運動しない」

　この3つだ。

　まず、PCやスマートフォンの液晶画面からは強力なブルーライトを放射している。これを夜に浴びると太陽光線を浴びたのと似た状態となり、メラトニンの分泌が減るだけでなく脳を覚醒状態にして交感神経が優位になる。すると、ますます寝つきが悪くなる。コンビニエンスストアの店内照明も強力なので、交感神経が優位な状況をつくってしまうから寝る前に行くのは避けよう。

　また、冬は両足の指先が冷たくて眠りづらく、靴下を何枚も履きたくなるかもしれない。でもヒトは眠る時に手足から熱を放散するため、それは眠りを妨げる原因になるそうだ。私は裸足にして、電子湯たんぽを布団に入れて温めるようにしている。また、寝る前に温かいハーブティーを口にして内臓から体温の上昇を促し、就寝時の体温低下のリズムをつくる工夫もしている。

　他にも、入眠前2時間は激しい運動をしないこと。私もやってからよく後悔する。適度な運動により身体の疲労感があると睡眠の質が上がるのだが、入眠前に心拍数を上げる運動をすると、交感神経が優位になり、脳の興奮（覚醒）状態が続くために寝つきが悪くなるそうだ。激しい運動ではなく、ストレッチ程度にしよう。

世界一眠らない国が日本。OECD（経済協力開発機構）の統計によると、1日の平均睡眠時間は、多くの国が8時間を超えている。 しかし、日本は7時間22分。これは33か国中でワースト1位。なお、厚生労働省の「国民健康・栄養調査」では、6時間未満の割合が男性37.5%、女性40.6%。こちらが実態に近いかもしれない。

「寝ないで働く」ワーカホリックな人たちが多い日本を統計でも物語っている。日本はコミック（漫画）が欧米諸国よりもリーズナブルに手に入るが、それは漫画家さんの徹夜続きの労働環境などが根底にあって、海外からは価格の安さに驚かれると聞いたことがある。

睡眠不足が続くと「睡眠負債」として、気が付かないうちに脳や体にダメージを与える危険因子が蓄積されるそうだ。「免疫力の低下を招き、感染症の発生率やうつ病のリスクも高まる」と睡眠の専門家の西野精治医師は文献の中で述べていた。

さて、皆さんは寝不足の時、食欲がいつもより旺盛になることはないだろうか？これは、ホルモンバランスの影響が背景にある。睡眠時間が短いと「レプチン」というホルモンの分泌が減って、食欲増進「グレリン」というホルモンが増加。睡眠時間が短い時は、日常よりも約25%も食欲が増加するというデータがある。また、睡眠時間が短い人は肥満を表すBMI値が高い傾向があり、逆に10時間以上寝る人も標準を超えていた。
つまり、睡眠時間にだけ焦点を充てるのではなく、質を高めていくことが大事であることがよくわかる。

視点⑨　自律神経
自律神経を味方につける

　自律神経とは、生命活動の司令塔的存在。活動時に優位になる"交感神経"とリラックス時に優位に働く"副交感神経"の2種類がある。これらのバランスが整っていれば、体内の血流などの循環がスムーズになる。司令塔である自律神経のバランスがいい体は血流がよくて、食べ物からとり入れた栄養がエネルギーとして体の隅々まで運ばれて消費される。

　一方で、ストレスを貯めたり夜型生活などが続いたりすると、体は常に「活動モード」でいようとして副交感神経の働きの低下を招く。副交感神経の低下は、消化・吸収を担う"腸"の働きを低下させてしまうのだ。腸は、よい血液を生み出す工場の役目を担っている。つまり、腸が弱ると体の中では、血液が全身にスムーズに行き届かない。本来は、全身の細胞にまんべんなく送られるはずの栄養素が皮下脂肪として蓄えられるため、太りやすくなるというメカニズムだ。

　順天堂大学医学部教授であり、自律神経研究の第一人者として、トップアスリートたちのパフォーマンス向上指導を行う小林弘幸先生によれば「常に腸を動かしておくという意識は、副交感神経を常に高めている状態」であるそうだ。こまめに間食するほうが自律神経を整えるにはお薦め。ナッツやドライフルーツなど、食物繊維やビタミンの多いものをおやつにすることは、自律神経にもポジティブなようだ。

　自律神経を味方にして、無理のない予防医学を身につけよう。

知っトク情報

自律神経の天敵は、ストレスだ。例えばダイエットで「あれもダメ、これもダメ」とストイックすぎる食生活をすると、ストレスを招いてかえって自律神経のバランスが乱れてしまうといわれている。私も身をもって経験している。

また、落とし穴の1つがスマホ画面を見ながら食事する「ながら食べ」。あの食事の仕方はNGだ。意識が食べること以外に向いて緊張が続くため、交感神経が優位になる。すると、胃腸の血管も収縮させてしまうので消化が悪くなるそうだ。リラックスして、食事を楽しむことがコツである。また、食事シーンでは「よく噛むこと」も大切。咀嚼をすることで、唾液が分泌されて副交感神経が優位になる。

また、日常生活での動き方も自律神経を左右させる。「約束時間に間に合わない！」などと焦って身支度をすると、交感神経が優位になる。仕事の納期や待ち合わせから逆算をして、余裕をもった行動を心掛けよう。関連して、ゆっくりと深い呼吸は、低下した副交感神経の働きを上げてくれる。縮んでいた血管が緩んで、全身に血液が流れるようになる。息を吐くことに意識を向けることで、副交感神経の働きが高まるそうだ。

昨今、リモートワークやスマホをいじる時間が長くなり、前かがみの姿勢が続くシーンも多くなったのではないだろうか。気道が狭くなるため、呼吸は浅くなりがちである。気道の確保のためにも伸びをして、いったん上を向いてリフレッシュしよう。上を向いて深呼吸をして酸素を体中に入れていくのだ。

自律神経のコントロールのカギは、“心のゆとり”が握っているのだから。

理解が進むと行動ができる！
よく聞かれる Q&A まとめ

　ドライフルーツ＆ナッツアカデミーでは、検定の講義中に、受講者の方から質問を受けることがある。それらの質問の中で、最も数が多かったものや、本書を読み進めていくうちに、おそらく生まれたであろう疑問を想定して、Q&A形式でまとめた。ぜひ、参考にしていただきたい。

Q：ドライフルーツやナッツに含まれる食物繊維を摂ると、なぜ便通がよくなるの？

A：回答として、食物繊維が便意をもたらすメカニズムを解説します。

　まず、食物繊維は善玉菌のエサになることで、酢酸、プロピオン酸、酪酸といった短鎖脂肪酸に分解されます。これが腸内の悪玉菌の活動を抑えると言われていますが、腸の蠕動運動を活発にして、便をスムーズに押し出してくれる効果があります。

　蠕動運動とは、腸管の口側が収縮し、肛門側が弛緩して内容物を先へ押し出す運動です。健康な腸とは、この蠕動運動が絶え間なく起こっている状態なのです。この運動が弱くなって、排泄がスムーズにいかず滞ってしまうと、便（老廃物）が溜まることになります。

　すると、腸内環境が悪化していきます。これがガス（おなら）の発生原因や、肌荒れ、むくみ、胸やけ、肥満などの原因になりえると考えられています。

　腸内環境を整える大切な食物繊維は、ドライフルーツやナッツでこまめに補給したいものです。ちなみに、りんごは皮のまま焼くと、水溶性食物繊維のペクチンの量が増えると言われていますので、皮ごとがお薦め。

　健康と美容のために、果物を皮ごと食べる消費者がいることを考えて、商品の選定と陳列をしてほしいと心から願っています。

Q：ドライフルーツ＆ナッツアカデミーで教わる「良質な油」を摂るために、どうすればよいですか？

A：まず、良質な食用オイルを摂ることを心がけましょう。

例えば、私は食卓にはエキストラバージンオリーブオイル（以下、EXVO オイル）を欠かしたことがありません。ピュアオイルでなくて、必ず EXVO オイルを使います。そして、EXVO オイルを使う時は、できるだけ、「大さじ 2 杯」を意識しています。朝食時にドライフルーツ、ナッツにかけて摂ることも多いです。この大さじ 2 杯という量がポイントです。オレイン酸含有量の多い EXVO オイルを短時間で 15 〜 30ml 摂取すると、成分が大腸まで届き、スムーズな排便が期待できるからです。実際に摂取するようになってから、便意までのスピードが早まっていると、私も実感しています。オレイン酸には、血中コレステロール中の悪玉コレステロールだけを減らす作用もありますので、嬉しいオイルなのです。その中でも、そのまま飲んでも美味しい EXVO オイルを選びましょう。毎日のように使用するものですから、価格よりも味と質を優先することをお薦めします。

		含有量が多い油の例
一価不飽和脂肪酸	オメガ9系（オレイン酸など）	オリーブオイル、ひまわり油、サンフラワー油、アーモンド油、ヘーゼルナッツ油
多価不飽和脂肪酸	オメガ6系（リノール酸など）	ごま油、大豆油、ひまわり油、コーン油、ベニバナ油、グレープシード油
多価不飽和脂肪酸	オメガ3系（α-リノレン酸・DHAなど）	アマニ油、えごま油、なたね油、マグロ、ブリ、青魚の油（イワシ、サバetc.）
飽和脂肪酸	－	バター、パーム油、ココナッツオイル、牛脂、ラード

ドライフルーツ＆ナッツアカデミーでは、講義中にも私が本当に美味しいと思う、お薦めの EXVO オイルを紹介しています。

　また、良質な油が摂れる野菜は、アボカドです。アボカドは「森のバター」と称されていて、脂肪分が多いイメージがありますが、便の潤滑油になってくれます。脂肪分の主体は不飽和脂肪酸ですので、血液をサラサラにする効果、コレステロールを減らす働きも期待できます。

　脂肪ひとつをとっても、どの食材から脂肪を摂るかを考えながら生活することをお薦めしています。

　一方で、同じ脂肪酸ですが、トランス脂肪酸が含まれた食品はできるだけ控えたいものです。下記の表に主なものをまとめたので、参考にしてください。

　なお、ドライフルーツ＆ナッツマイスター検定では、これらについても詳しく解説しています。

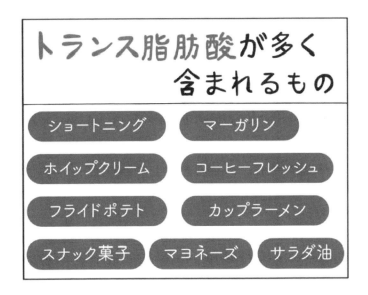

Q：甘いものが大好きです。でも、砂糖を多量に摂取すると、体に負担がかかると言われていますが、なぜですか？

A：そもそも砂糖はスクロース（ショ糖）と呼ばれます。ここではわかりやすく「砂糖」と一貫して呼びます。砂糖は小腸から直接吸収されるわけではなく、消化管内でブドウ糖（D-グルコース）と果糖（D-フルクトース）に分解されて吸収されます。つまり、砂糖は「単糖に分解されない限り、ヒトの体内に吸収されない」わけです。だから、オリゴ糖（フラクトオリゴ糖）は、体内に吸収されずに、そのまま排出されます。

砂糖は、消化管内でブドウ糖と果糖に分解されて体内に吸収されます。そうすると、血糖値（血液中のブドウ糖濃度）が上昇し、インスリンが分泌します。砂糖を摂りすぎると、高血糖となり、それだけインスリン分泌をするために膵臓に負荷がかかります。

一方で、ブドウ糖はエネルギーとして筋肉、脳、体組織で使われます。余分なブドウ糖は肝臓内で多糖であるグリコーゲンを合成し、肝臓に貯蔵されます。グリコーゲンとしての肝臓での貯蔵には限りがあるので、ブドウ糖の多くは中性脂肪の合成に使われます。つまり、体脂肪の蓄積の原点は、インスリンでカバーできずに血液中に余った糖にあるとも言えるため、生活習慣病につながりやすくなります。

何事もバランスが大切です。大好きな甘いものを食べても困らないカラダづくりと生活習慣を心がけましょう。

Q：砂糖は 4kcal／g。果糖も同等ですが、なぜ白砂糖だけが悪者扱いされがちなのですか？

A：例えば、果糖はすばやくエネルギーに代謝され、血糖値を上げることもないため、運動前後には果糖のほうがベターであると言われています。テニスの試合中、休憩時にバナナやレーズンを食べるプロ選手は、果糖を上手に利用していると言えるでしょう。

　果糖は、肝臓で代謝されます。一方で、砂糖は膵臓からの信号をキャッチして β 細胞が放出するインスリンを利用します。つまり、果糖はインスリンをほとんど利用しないため、膵臓への負担が少なくて済みます。例えば、ドライデーツ。デーツのもつ甘みは、ブドウ糖＋果糖で構成されており。砂糖（スクロース）は、そこまで大量には含まれていません。だから、甘いものを食べるならば、砂糖の入るお菓子よりもドライフルーツで代替するとよいと思うわけです。

　また、現在の肥満や糖尿病は、単純に「白砂糖」の摂り過ぎだけではなくて、清涼飲料水などで使われている **"ぶどう糖果糖液糖"** や **"果糖ぶどう糖液糖"** などの **「製造された糖」を多く消費するようになったから** であるとも言われています。

　なぜなら、砂糖の甘さを 100 とした時、ぶどう糖の甘さは 70 なので、各メーカーは、砂糖の 1.5 倍の量を足して味を調整することが多いからです。すると、結果的には相対的な糖分の摂り過ぎにつながるのです。

　また、"ぶどう糖果糖液糖" を濃縮して冷ますとブドウ糖が結晶化していきます。すると、液体には果糖が残ることになるので、その果糖の割合が多くなったものは "果糖ぶどう糖液糖" と呼び方が変わります。よく見かける表示だとは思いますが、原材料表示の意味を理解すると、賢い判断ができると思います。

Q：「果物の糖＝果糖」ですか？

A：違います。甘味料としての果糖は「でんぷん」からつくられています。私も最初は勘違いしていましたが、果物以外からも果糖がつくられます。

例えば、甘味料の果糖は主に「トウモロコシでんぷん」からつくられています。成分表示で「コーンシロップ」と表示されていたりします。

製造工程を簡単に説明すると、まず、でんぷんを加水分解してブドウ糖をつくります。そして、酵素（グルコースイソメラーゼ）を利用することで、ブドウ糖の半分ぐらいが、果糖に変わります。これが、前頁で説明した「ぶどう糖果糖液糖」というものです。

トウモロコシ由来で果糖をつくる理由は、単純にコスト（価格）です。甘味料の用途は、主に業務用に使うものです。そのため、果糖を高価な果物から抽出することは、稀です。

そのため、すべての果糖が「果物から摂れる糖」という認識は、誤りです。

Q：ドライフルーツ＆ナッツアカデミーが、注目している糖はありますか？

A：希少糖です。

　希少糖は、和三盆などの糖で有名な香川県で研究が進められています。国際希少糖学会（香川大学に本部）の定義では、希少糖（rare sugars）とは、「自然界での存在量が少ない単糖およびその誘導体」としています。地球上に約50種類あり、存在は少ないけれど種類は多いのです。地球上では0.1％にも満たない希少な糖ですね。希少糖は、40億年前から存在しているのですが、生命活動を営む上で、エネルギー価値の高いものだけ採用されたことで、存在が薄れていったのです。

　しかし、1991年に「自然界に大量にある安価な糖から希少糖をつくれないか？」と考えて、希少糖をつくる酵素をもつ微生物を発見しました。その酵素を用いて、自然界の糖（天然糖）を出発材料として、全六炭糖を生産できる方法"イズモリング"を見つけたのです。

　希少糖は、いくつも種類がありますが、素晴らしい点は食品添加物ではないことです。
　例えば、希少糖のひとつである「プシコース」は、食品です。酵素を使って人為的につくっているわけですが、アスパルテームやスクラロースのような人工甘味料（高感度甘味料）とは違います。ブドウ糖と同じ天然に存在する「糖」なのです。

　そして、希少糖には抗肥満効果、抗糖尿病効果、抗メタボリックシンドローム効果を有することが、ヒトや動物において確認されているので、注目をしています。

Q：どんな発酵食品がナッツと相性がよいと思いますか？

A：発酵食品は毎日のように食べたいものですね。そもそも腸内の善玉菌、悪玉菌、日和見菌の比率は約2：1：7です。善玉菌は生命力があまり強くないので、毎日の食事に腸内の善玉菌を増やす発酵食品をとり入れるとベターでしょう。日和見菌が善玉菌の味方になって腸内環境が整うからです。

　私が普段からよく食べる発酵食品は、味噌。ナッツと合いますね。メラノイジンという食物繊維に似た働きをする成分が善玉菌を増やし、腸内環境を整えてくれます。また、味噌に含まれるサポニンは脂肪の吸収を抑え、老廃物のスムーズな排出を促す働きも期待ができます。フライパンに白湯とナッツを入れて少量の味噌と一緒に絡めて煮詰めていき、七味唐辛子や山椒などをまぶすと、美味しい酒のアテになるでしょう。

　また納豆も、ナッツと相性がよいです。納豆菌には、他の善玉菌を増やす働きがあり、善玉菌優位の腸内環境の整備に有効。ただし、納豆に付属しているタレは使いません。食品添加物や糖類が多いからです。そのため、私はどうせ使わないタレをゴミ処理するのが環境にやさしくないと感じているため、信頼している産地の大豆を使用した納豆メーカーから「タレなし」の状態で毎月自宅へ配送していただいています。

　玉ねぎ（オリゴ糖）と玄米酢（グルコン酸）を和えた自家製タレと納豆、またくるみパウダーを少量散りばめた前菜など、いかがでしょうか。それぞれの効能がコラボして、整腸作用がアップするでしょう。

Q：代謝を上げるために、食事以外で気をつけるべきことは何ですか？

A：洋服選びに気をつけましょう。私の場合、天然素材だけを着るようにしています。シンプルな理由として、化学繊維にもアレルギーがあるからです。化学繊維が苦手で、よくホテルで提供される部屋着などを短時間でも着るとかゆくなり、うまく肌呼吸ができません。特に下着がわかりやすく反応します。

　夏場、私はやたらと腰まわりばかりが汗ばんでいることに気がつきました。疑問に思って生地の成分表示を見ると、ゴムのリブ部分が、ポリエステルでつくられていました。リブの素材までは見落としていて、気がつかずに購入していたのです。化学繊維は、熱をこもらせる特徴があるので、汗ばんだのです。

　もし、私と同じような経験をしたことがある人は、例えば、"寝間着の素材"にも注意してみてください。ヒトは、体内から熱を放出して眠ります。しかし、保温性の高い化学繊維は寝汗を助長して吸収が悪いので、かえって体を冷やすことになりかねません。そのため、<u>吸汗性の高い綿100％や、リネン素材をお薦めします</u>。

　ただ一方で、風邪をひいて高熱を出した時などは、逆に寝汗をかくためにポリウレタン素材の肌着を活用して、思いっきり汗をかくようにしています。そのため、高熱が出た時用に1〜2枚は、化学繊維がタンスに眠っています。

　どんなに気に入ったデザインがあったとしても、価格がリーズナブルでも、「化学繊維が数％でも含まれていたら買わない」と自分ルールを決めています。食材だけでなく、肌に触れるものも天然だと安心であり、ヘルシーだと思います。

Q：ギルトフリーを意識すると、何を食べればよいか迷ってしまいます…。

A：ベースの食生活をつくったら、あとはストレスを感じない食事を心がけて大丈夫です。あまり気負わないことが大切です。例えば、翌日の仕事が休みで、いつもより羽目を外して飲み食いをしてしまった…。翌日の朝、罪悪感が残りませんか？

そういう時は「プチファスティング（断食）」をしてみましょう。何も食べない時間があっても、人は生きていけます。食べてから18時間以上何も食べなければ、胃腸の食べものはほぼ代謝されます。そのため、例えば常温のお水や白湯、ハーブティーなどで胃腸をいたわり、運動をすると効果的です。私の場合は、食べ過ぎた日の翌日は、朝食は何も食べずに朝から水泳をします。すると、その日の夕方には、お腹がグーグーと鳴り始め、フェイスラインのむくみも取れています。

ギルトフリーの食生活を送るための極意とは、ギルト（罪悪感：guilt）を感じた時の「リカバリー方法がわかっているかどうか」だと考えています。すなわち、"安心感"とセットなのだと思うのです。つまり、いつでも元の体型に戻れるという自分への信頼と自信です。いくら1回の食事で食事やリズムが乱れても、「すぐに元の自分にリセットできる」と思うことができれば、ストレスを軽減できて、罪悪感を抱かなくて済むのではないでしょうか。

気の合う仲間との外食は、思いっきり楽しむこと。食事に対しての後悔や自責の念を減らすことが、本当のギルトフリーな状態であると思います。

Q：ドライフルーツとナッツを気軽に食べられる組み合わせはありますか？

A：簡単にトライできるものを2つ紹介します。

　まず、朝食でヨーグルトを食べる習慣のある人には、お薦めレシピがあります。**無糖ヨーグルトにドライマンゴーやプルーンを入れて一晩置いておきます。** すると、ヨーグルトの水分がドライフルーツに染み込んで美味しく楽しめます。乳酸菌が最も活性化するのは40〜42℃と言われています。そのため、冬場は湯煎したボウルを利用して人肌に温めたヨーグルトでつくってもよいかもしれません。

　あとは卵料理。例えば、オムレツにレーズンやナッツを入れて、ガラムマサラやパプリカパウダーなどのスパイスなどを使えば、クランチ感とエキゾチックな味わいが愉しめて、お腹も心も満たされるオムレツに早変わりするでしょう。

　和食では、**米麹**。コウジ酸には、そばかすやシミの要因となるメラニン色素の生成を抑制する効果が期待できると言われています。株式会社ポーラが発表した「ニッポン美肌グランプリ2015」のデータによると「シミができにくい」と「毛穴が目立たない」のランキング1位は共に秋田県でした。米どころであり、甘酒をはじめとして、麹をたくさん摂る文化が根付いているからなのかもしれません。

　米麹とヘーゼルナッツの和えものなどをストックしておくと便利です。ドライフルーツ＆ナッツエキスパート検定では、このようなレシピの組み合わせなども楽しみながら勉強できます。

ナッツ栽培における"縁の下の力もち"は、あの動物？

2018年、イスラエルへ出張した際、生ハチミツの生産者のもとに出向いたことがある。

防護服を着て、大量の蜂が敷き詰められた蜂の巣を手にもって記念撮影。私がビクビクしていた矢先、生産者のおじさんは煙を片手に、蜂の巣を素手でガサガサと平然と動かしておられた。「なんて勇ましい人なんだろう…」と、肝を冷やしたことはよい思い出である。

そんな蜂が、今、農業界ではアイドル並みに引っ張りだこにある。

米国農務省によると、食用農産物の 1/3 は、蜂を主とする花粉媒介生物によって受粉が行われているという。ただし、殺虫剤や環境変化によって、花粉を媒介する生物が減少傾向にあるそうだ。そこで、生産者は養蜂家から蜂をレンタルして蜂による受粉を頼りにしている。

アメリカで蜂の巣1個のレンタル料が、最高で約230ドル程度するそうだ。2000年頃は、50ドル以下だったものが、急激に高騰。この理由の背景には、じつはアーモンドの生産量の急増も関わっているそうだ。

健康志向を背景に、世界的にアーモンド需要が増加しており、アーモンドの生産には蜜蜂による受粉が欠かせないからだ。結果的に、蜂の巣の窃盗犯罪まで起きている。そのため、アメリカのカリフォルニア州のビーヒーロー社などは、人工知能やセンサーなどの技術を活用して、蜂の健康状態や花粉の媒介状況を推測することで、養蜂作業の効率化につなげる試みをしている。同社は約10万の巣を管理しているそうだ。

ナッツ専門家としては、このフードテック分野の話にもワクワクが止まらない。「花粉媒介プロバイダー」という職業。ナッツ業界を支える縁の下の力もちが興味深くて、私たちもリサーチを進めている。

「泣きっ面に蜂」という諺があるが、アーモンドの生産者にとって、蜂はむしろ笑顔をもたらす救世主であることがわかった。

謝　辞

イギリスの映画俳優、チャールズ・チャップリンの言葉が好きだ。

必要なのは 知識ではなくて 思いやりだ。
思いやりがなければ 残るのは暴力だけだ。

この"思いやり"とは、人だけに対するものとは言い切れない。昨今では、「サステナブル」「エシカル消費」の浸透で、10年前と比べれば地球環境に意識の高い人が多くなり、行動も盛んである。これは、地球への思いやりと言い換えられる。

そう考えると、私のドライフルーツやナッツへの思いやりとは、「カラダに優しいと考えたものと、そうでないものを区別して生活者に伝えること」だった。ドライフルーツ＆ナッツアカデミーのポリシーとスタンスは、設立当初から何ひとつとして変わっていない。

現在、美容に関心の高い人たちやアスリートなどからも、ナッツやドライフルーツは手軽な栄養補給源やボディメイクに有効な食品として認識されるようになった。だからこそ、生活者意識に敏感なメーカーと商品バイヤーが協力して、健康的なプロダクトをこれからも世の中に広めていただきたいと切に願う。生活者の健康に対して思いやりがあると、きっと素敵な商品が市場に流通することになるだろう。

さて、日経MJの新聞記事（2020年2月16日）で興味深い記事があった。アメリカにおける乳代替飲料の販売額推移と将来予測で、アーモンドミルクが過去5年で145％成長と公表されていた（2019年）。アメリカでは、健康食品の高まりやビーガンなどのライフスタイルの普及によって、植物性ミルクの市場が活性化している。成長が著しいのがアーモンドミルクだ（Mintel Reports US, Milk and Non-Daiary Milk 2019）。

この記事を読んで、ぼんやりと次の目標が見つかった気がした。新たに『ナッツミルクの資格検定』をつくると楽しそうなので、計画実現に向けて腰を上げたところである。

ドライフルーツ＆ナッツと自分を置き換えたとき、思いついたことが、ドライフルーツ＆ナッツマイスター検定資格だった。自分で目次を考えて、テキストを手づくりして、試行錯誤して冊子にした。そして、立ち上げを計画して10年目に差しかかった節目に、出版社の方々と「書籍」という新しいコンテンツを一緒に創りあげることができた。心から、アーモンドシャワーのような感謝で溢れている。

本書の出版にあたり、たくさんの方々にお世話になった。
取材に快く応じてくださった株式会社デルタインターナショナルの菱沼さん、枝澤さん、そして内助の功の村井さん。株式会社リンク・リソースの五十嵐さん。そして、株式会社小島屋の小島専務、「oil & beyond」のオーナー大木さん。また事情により名前は伏せるが、原稿の情報の正誤や校閲、論文でわからない専門用語を詳しく解説してくださった農学博士、皮膚科医の先生方。感謝を申し上げたい。

そして、COVID-19の影響でミックスナッツの売れ行きが好調であることを知って、「ようやく出版のタイミングが来たかも！」と感じて、すぐに電話をしたとき、二つ返事で今回の書籍企画を承諾してくださった版元の佐藤社長。改めて深く御礼を申し上げたい。

最後に、ドライフルーツとナッツを愛するあまり、安定した企業の正社員としてのキャリアを捨ててたくさんの心配をさせてしまったが、影ながら応援をしてくれていた、ピスタチオが大好きな母に感謝を伝えたいと思う。

参考文献

論文

- Is Sugar From Fruit Better For You Than White Sugar?
  http://www.huffingtonpost.com/2013/06/29/fruit-sugar-versus-white-sugar_n_3497795.html?utm_hp_ref=healthy-living
- Georgian Medical News, September 2014, "The fatty acid composition of large pumpkin seed oil (Curucbitae maxima Dich) cultivated in Georgia": http://www.ncbi.nlm.nih.gov/pubmed/25341255
- Journal of Medicinal Food, February 2012, "Antihypertensive and cardioprotective effects of pumpkin seed oil": http://www.ncbi.nlm.nih.gov/pubmed/22082068
- 希少糖含有シロップの特性と利用 ― 砂糖併用による生理機能と食品への応用 ― ／木村 友紀
- 希少糖の健康機能について～希少糖研究最前線～／徳田 雅明
- 希少糖D ― プシコースの食品加工への応用／小川 雅廣、早川 茂／2021, Japan Society for Food Science and Technology
- 希少糖プシコースの機能性と応用／松谷化学工業 ㈱ 新谷 知也、土橋 竜也／食品と開発 Vol.55 No.9
- 香川大学発の新機能糖質「希少糖」― その機能と医療分野への応用 ― ／香川大学医学部細胞情報生理学 徳田 雅明

書籍

- 『「糖化」をふせいで老いない・病まない体になる！』久保 明／PHP研究所（2013年）
- 『医師が教える 不調を治す水の飲み方・選び方』森下 克也／KADOKAWA（2015年）
- 『最新脳科学で読み解く 脳のしくみ』サンドラ・アーモットサム・ワン／東洋経済新報社（2009年）
- 『卵は最高のアンチエイジングフード』オーガスト・ハーゲスハイマー／三空出版（2014年）
- 『「それ」をやめれば、健康になる』岡本 裕／PHP研究所（2012年）
- 『スゴイカラダ』北村 昌陽／日経BP（2014年）
- 『エキストラバージンの嘘と真実 スキャンダルにまみれたオリーブオイルの世界』／トム・ミューラー／日経BP（2012年）
- 『体内時計のふしぎ』明石 真／光文社新書（2013年）
- 『眠りと体内時計を科学する』大塚 邦明／春秋社（2014年）
- 『アロマセラピーとマッサージのためのキャリアオイル事典』レン・プライス、シャーリー・プライス、イアン・スミス／東京堂出版（2001年）
- 『八木式プールエクササイズ 水中運動でアンチエイジング』八木 香／つちや書店（2016年）
- 『八木式 水中ウォーキング プールでやせる！ 理想の体型・健康体へまっしぐら！』八木 香／つちや書店（2011年）

・『腸がすべて』フランク・ラポルト＝アダムスキー、澤田 幸男／東洋経済新報社（2020 年）

新聞

・日経 MJ（2021 年 1 月 15 日）「なるほど　スマートエイジング」

WEB サイト

・消費者庁の「食用植物油脂品質表示基準」食用植物油脂：説明（表）
・MIZUNO「アクアフィットネスとは／ミズノアクアプログラムについて詳しく知ろう！」AQUA
FITNESS　公式ホームページ　美津濃株式会社
https://www.mizuno.jp/aquafitness/about/

雑誌など

・Nov, 2019 NUTFRUIT, p.88, Study Finds American Grown Pistachio Contain Melatonin, Meng, W. et
al. Dietary Sources and Bioactivities of Melatonin. *Nutrients*, 2017
・雑誌「栄養と料理」（2021 年 3 月号）／女子栄養大学出版部／「おいしさ」を科学する『りんごを切ると
果肉が茶色に変色するのはなぜ？』P.72／西村 敏英教授（女子栄養大学食品栄養学研究所）
・AERA（2021 年 6 月 14 日号）／朝日新聞出版
『腸の不調は食べ合わせで解消』／木村 慎一郎
・AKYUREK　TECHONOLOGY　パンフレット（Cylindrical Needle Sorter の説明書）
https://akyurekltd.com/en/index.htm

■著者紹介

井上　嘉文　（Yoshifumi　Inoue）
ドライフルーツ＆ナッツアカデミー 代表

神奈川県生まれ。学習院大学文学部心理学科卒。三菱 UFJ モルガン・スタンレー証券に入社後、商社などを経てドライフルーツ＆ナッツアカデミーを設立。ドライフルーツとナッツ専門の資格検定制度の運営、美容・健康にポジティブな食品のプロデュースに従事。また、商工会や信用金庫の専門家講師を務める傍ら、全国の 1 次生産者への 6 次産業化のプランニングや広義なマーケティング支援を行う。現在は、主に企業の新規事業立案から実現フェーズにて、社内チームと一緒に活動する"伴走型支援"に従事。生活者インサイトの分析と課題の本質を抽出してから、経営課題に対しての戦略と具体的なアクションプランを提案して実行する役割を担う。著書に『なぜ、あそこの 6 次産業化はうまくいくのか？』（大学教育出版）などがある。

ドライフルーツとナッツの教科書

2023 年 1 月 13 日　初版第 1 刷発行
2024 年 7 月 1 日　初版第 2 刷発行

■著　　者────井上嘉文
■発 行 者────佐藤　守
■発 行 所────株式会社 大学教育出版
　　　　　　　　〒700-0953　岡山市南区西市 855-4
　　　　　　　　電話（086）244-1268　FAX（086）246-0294
■印刷製本────モリモト印刷㈱

© Yoshifumi Inoue 2023, Printed in Japan

検印省略　　　落丁・乱丁本はお取り替えいたします。
本書のコピー・スキャン・デジタル化等の無断複製は、著作権法上での例外を除き禁じられています。本書を代行業者等の第三者に依頼してスキャンやデジタル化することは、たとえ個人や家庭内での利用でも著作権法違反です。
本書に関するご意見・ご感想を右記サイトまでお寄せください。

ISBN978-4-86692-230-0